¡HUMANOS DEL MUNDO, UNÍOS!

Gabriel Figueroa

Compre este libro en línea visitando www.trafford.com
o por correo electrónico escribiendo a orders@trafford.com

La gran mayoría de los títulos de Trafford Publishing también están
disponibles en las principales tiendas de libros en línea.

Impreso en Victoria, BC, Canadá.

ISBN: 978-1-4269-2787-4 (sc)

Biblioteca del Congreso Número de Control: 2010902141

*Nuestra misión es ofrecer eficientemente el mejor y más exhaustivo servicio de
publicación de libros en el mundo, facilitando el éxito de cada autor. Para
conocer más acerca de cómo publicar su libro a su manera y hacerlo disponible
alrededor del mundo, visítenos en la dirección www.trafford.com/4501*

Trafford rev. 3/24/2010

 www.trafford.com/4501

Para Norteamérica y el mundo entero
llamadas sin cargo: 1 888 232 4444 (USA & Canadá)
teléfono: 250 383 6864 ♦ fax: 812 355 4082

BREVE RESEÑA DE LA OBRA
¡HUMANOS DEL MUNDO, UNÍOS!

Después de Carlos Marx, que propuso la transformación del mundo por la vía del comunismo científico, no ha habido otro autor capaz de superarlo proponiendo otra alternativa mejor. Todos se han dedicado a despedazar la propuesta de Marx, sus contrarios y hasta sus mismos seguidores, para beneplácito de la clase burguesa que, sin rivales en su camino ha impuesto en el mundo su "Capitalismo salvaje" (Papa Juan Pablo 23), la sociedad de consumo, la adoración del Becerro de Oro y "la civilización del espectáculo" (Vargas Llosa) para felicidad de toda la humanidad. Pero ha quedado demostrado que ese sistema de vida no ha hecho feliz a la humanidad, sino más lo ha hundido en el hambre, la miseria, la ignorancia y la corrupción. Ha hecho más ricos a los ricos y más pobres los pobres. Esto se demuestra por los resultados de la crisis económica, política y social de carácter sistémica, creada por la mencionada clase burguesa, dueña de los medios de producción y dueña del poder político, económico y social. Como quiera que esta crisis afecta también la salud de la madre naturaleza, al extremo de posibilitar su prematura extinción, es hora de pensar en alternativas que, en lo posible reviertan esta tragedia humana y tragedia de nuestro planeta. Es en este sentido que el autor del ensayo "Humanos del mundo, Uníos", propone el cambio de la actual SOCIEDAD BURGUESA por el producto dialéctico superior: LA SOCIEDAD HUMANISTA.

HERRAMIENTAS:

INDICE

EL MOVIMIENTO INTERNACIONAL HUMANISTA

*Propuesta política para
transformar el Mundo*

Gabriel Figueroa.

Para conocer mis obras visítenme en:
http://mysite.verizon.net/resy4lw2/elsitiodegabrielfigueroa/

INTRODUCCIÓN

Dedicarnos a contemplar el mundo enfermo en que vivimos, y lamentar y criticar la incapacidad de los gobiernos para evitar que ese problema se agrave al extremo de poner en peligro la existencia de la vida en la Tierra., y mostrarnos indiferentes o resignados ante los graves problemas políticos, económicos y sociales que nos afectan a todos los seres humanos sin asumir nuestra co-responsabilidad, es merecer la respuesta de Kennedy: "No preguntes qué está haciendo el gobierno por ti, pregúntate mas bien qué estás haciendo tú por tu país"

Nuestro mundo está muy enfermo, lo hemos enfermado todos con nuestros actos irracionales. La clase gobernante, por dedicarse al culto de la adoración del Becerro de Oro, y el pueblo, por escapar de su tragedia refugiándose en Dios y en los placeres de "la civilización del espectáculo" (Vargas Llosa). Lo expuesto se demuestra con los siguientes hechos:

1.- Los pocos ricos son cada día más ricos, y los miles de millones de pobres son cada día más pobres. Esto lo confirman todos los medios de comunicación, y los expertos en economía, sociología y política.

De acuerdo a las estadísticas publicadas por la ONU, la población mundial (año 2006) es de 6,528'089,562 habitantes. De los cuales, solo dos millones son multimillonarios, propietarios del 90% de toda la riqueza mundial (bienes raíces, industrias, inversiones en bolsas de valores, bancos, comercio) Este pequeñísimo pero poderoso grupo social decide el destino del mundo de acuerdo a sus intereses particulares. Sus fortunas emanan de la explotación a sus trabajadores, de la explotación a los usuarios de sus producciones, de la especulación, el acaparamiento, el monopolio, el agio, la usura. Como consecuencia, este grupo ocupa la cima de la pirámide social mundial. Les siguen en la escala piramidal sus funcionarios de primer nivel, responsables de la administración del poder económico, político y social de los que ocupan la cima. Este grupo de funcionarios apenas suman trescientos millones en todo el mundo. La tercera escala de la pirámide está constituida por los dos mil millones de trabajadores dependientes de las empresas privadas y públicas. La cuarta escala está ocupada por los mil millones de profesionales y trabajadores independientes. La quinta y última escala de la pirámide está ocupada por los dos mil millones seiscientos noventa y ocho mil desocupados pobres y en pobreza extrema.

De esta manera, queda clara la diferencia abismal entre los que están en la cima y los que ocupan la sima de la pirámide.

Esta situación es irreversible y se agravará aun más por el hecho del crecimiento de la población humana en progresión geométrica, y la atención de sus necesidades en progresión aritmética.

2.- Se ha generalizado la corrupción de la sociedad al imponer los de la cima la adoración del becerro de oro mediante la práctica del "capitalismo salvaje" (Papa Juan

Pablo 23) y el culto a "La civilización del espectáculo" (Vargas Llosa) mediante su poder mediático (periódicos, revistas, cine, televisión, radio, Internet). El pueblo es sistemáticamente sometido a la propaganda subliminal, al extremo de hacerlo adicto a la coca cola en lugar del agua, y hacerlo adicto a la droga mediática (programas frívolos, pornográficos, sensacionalistas, violentos, terroríficos, religiosos, fantasiosos), que los aleja de la realidad y les impide pensar e interesarse por los problemas políticos, económicos y sociales; dejando la solución en manos de la voluntad de Dios y de los profesionales de la política.

3.- Los partidos políticos – todos ellos representantes de la clase burguesa – son diferentes solo de nombre, se llaman pomposamente: partido demócrata, republicano, social demócrata, socialista, social cristiano, nacionalista, partido del pueblo, justicialista, partido de los trabajadores, partido comunista, unión popular, independiente, partido radical, frente democrático, etc. etc. Todos ellos han demostrado con sus actos ser simples sirvientes de los intereses de la clase burguesa.

Divide y reinarás, es el método que usa la clase burguesa para gobernar. No son los partidos políticos los que gobiernan, es la clase burguesa la que gobierna. Gobierna apelando al principio maquiavélico: el fin justifica lo medios. Cuando le conviene, es demócrata, lo demuestra con la participación de sus partidos políticos y del pueblo en los procesos electorales. Pero cuando la democracia hace peligrar su poder, entonces usa la dictadura civil o militar. El caso de Honduras es un ejemplo.

La misión encomendada a los partidos políticos es dividir al pueblo, a las familias, a los amigos. Dividirlos teatralmente. Hacerles creer que cualquiera de ellos es un partido defensor de los intereses del pueblo, opuesto al gobierno de los que están en la cima de la pirámide. Entonces el pueblo, las familias, los amigos se dividen y apoyan y votan por el partido que más les simpatiza ó es de todos el menos malo. El partido que gana las elecciones asume el gobierno; para luego, con sus actos descubrir su verdadero rostro: no es caperucita roja, es el lobo feroz.

Los partidos políticos nunca han solucionado los derechos humanos básicos de todos: el derecho a la educación, el derecho a la salud, el derecho a la vivienda. No porque no pueden, sino porque no quieren afectar los intereses de los que están en la cima.

4.- Los de la cima ya no son solamente lobos que se alimentan de la riqueza producida por sus esclavos que ocupan la sima de la pirámide humana, son también los depredadores de la naturaleza. No se conforman con acrecentar sus riquezas explotando a sus semejantes. Ahora contaminan el mar con los derrames de petróleo de sus barcos, con sus depósitos de deshechos radioactivos. Los ríos los han envenenado con los relaves de sus minas, con los desagües de sus ciudades. El aire lo han contaminado con el monóxido de carbono que producen sus millones de autos y las chimeneas de sus industrias. La tierra la están asfixiando con sus pesticidas y sus deshechos plásticos. Los bosques los van desapareciendo con sus talas masivas para la extracción indiscriminada de madera con fines industriales, dando lugar a la falta de oxígeno en el aire y a la creación de nuevos desiertos en los pocos pulmones verdes que todavía dan vida al mundo.

La depredación de la naturaleza lo realizan los de la cima para satisfacer sus ansias de riqueza, sin importarles para nada las consecuencias de su acción irracional y genocida.

Esta dantesca realidad, nos obliga a quienes nos oponemos a ser exterminados por la razón de la fuerza, que es la razón de las bestias, a plantear alternativas sustentadas en la fuerza de la razón moral, ética y cívica. En este sentido, planteamos el cambio de la actual sociedad burguesa por la sociedad humanista, producto dialéctico superior. Consideramos que el ciclo de vida de la sociedad burguesa ha concluido. Sus beneficiarios intentan alargar el tiempo de vida de esa sociedad poniéndole parches, como a las casas viejas, apolilladas por el paso del tiempo, sin reparar en que la procesión de su destrucción inevitable va por dentro. "Avancen hermanos, que la procesión va por dentro" (Alejandro Romualdo, poeta peruano)

El Movimiento Internacional Humanista nace ahora para rebelarse contra la sociedad burguesa - como ésta hizo contra la sociedad monárquica – y para establecer la nueva sociedad humanista, aplicando para el efecto las leyes científicas de la Dialéctica de la Naturaleza y del Desarrollo de la Sociedad Humana, de Hegel y Engels, respectivamente, y el concepto filosófico de Carlos Marx: "La filosofía es una actividad para transformar el mundo"

En consecuencia, el Movimiento Internacional Humanista transformará el mundo, aplicando consecuentemente la Lucha de Contrarios, ley dialéctica mediante la cual se establece:

Unidad=Sociedad burguesa

Lucha de Contrarios:

Clase burguesa explotadora y Clases sociales explotadas

Nuevo producto dialéctico superior:

SOCIEDAD HUMANISTA.

Esta alternativa de interpretación de la Ley Dialéctica de Lucha de Contrarios, se diferencia sustantivamente de la interpretación Marxista:

Unidad=Sociedad burguesa

Lucha de Contrarios:

Clase social burguesa explotadora y Clase proletaria explotada

Nuevo producto dialéctico superior:

Dictadura del Proletariado

Posteriormente, Sociedad Comunista (sin clases)

Esta manera de aplicar la Ley Dialéctica de Lucha de Contrarios para el desarrollo de la sociedad humana alteró sustantivamente el resultado: no produjo un nuevo producto dialéctico superior, una nueva sociedad mejor que la sociedad burguesa, produjo simplemente una dictadura del partido comunista, mas concretamente: una dictadura de la clase dirigente del partido comunista. Los hechos históricos lo demuestran así. En esa dictadura los únicos que siempre estuvieron muy bien fueron los dirigentes del partido; los demás trabajadores proletarios y el pueblo en su conjunto siempre estuvieron muy mal, sometidos a trabajos forzados para cumplir los planes quinquenales, a racionamientos en la alimentación, con sueldos de hambre, sin derecho de todos a la vivienda, a la educación, sin derecho a las libertades democráticas, aguantando todos esos sufrimientos con la esperanza de alcanzar pronto la sociedad comunista prometida que nunca llegó. Tanto se llenó de agua al cántaro que este terminó por romperse. Los dirigentes terminaron por reconocer que la dictadura del proletariado y el proyecto comunista no tenían futuro. Decidieron entonces enterrar el proyecto. Enterrarlo junto a sus millones de mártires. Terminaron como los matrimonios que se casan por poder y se divorcian por no poder. Abandonaron el poder para cambiarlo enseguida por el gobierno de la nueva clase burguesa, constituida por los mismos ex-dirigentes del fracasado partido comunista.

El Movimiento Internacional Humanista, distanciado de toda expresión dogmática, recoge para sus objetivos todo lo bueno de todas las ideas, de todas las acciones para imitarlos tratando de superarlos; para ello, apela a la Ley del Equilibrio Físico-mental, que permite al hombre sano de cuerpo y alma cruzar seguro el abismo por la cima sobre una cuerda; y a la aplicación de la Prioridad Humanista, mediante la cual se atiende primero el derecho de TODOS; en segundo lugar, el derecho de algunos; y en último lugar el derecho de alguien.

El Movimiento Internacional Humanista, consecuente con todo lo expuesto, aplica la Ley Dialéctica de Lucha de Contrarios precisando que, en el seno de la sociedad burguesa conviven la clase social burguesa explotadora y las clases sociales explotadas: el proletariado, los campesinos, los profesionales y trabajadores independientes, la clase intelectual (escritores, artistas, educadores, discentes, periodistas, científicos, tecnólogos), la clase militar – policial y la clase marginada. Siendo ésta la matrícula real de la sociedad en todas las naciones, el MIHU no propone la eliminación de la clase burguesa y su reemplazo en el poder por el partido político de las clases explotadas. Propone lo que la razón nos impone mediante la Ley del Equilibrio Físico-Mental y el principio de la Prioridad Humanista: la constitución de una nueva Sociedad Humanista, producto dialéctico superior a la clase burguesa, que nace de la UNIDAD IGUAL DE TODAS LAS CLASES SOCIALES para transformar el mundo en beneficio de TODA LA HUMANIDAD.

Propone la unidad, basada en el respeto a los valores humanos: dignidad, honestidad, libertad, justicia, solidaridad, igualdad.

Propone la unidad basada en el respeto a los derechos humanos: educación, salud, seguridad social, trabajo y vivienda para todos.

Propone la plena vigencia del sistema capitalista, pero humanizado, a cargo de los sectores privado y estatal.

Propone, primero la creación de las nuevas naciones humanizadas; luego, la creación de la Organización Mundial de las Naciones Humanistas.

Propone, el libre comercio mundial en iguales condiciones.

Propone, la circulación de la moneda única, de igual valor en todo el mundo.

Propone, el sueldo igual para todos en todo el mundo, en concordancia con el principio humanista: "De cada uno según su capacidad, con honor al mérito. A todos, igual sueldo, con dignidad". Propuesta que lo diferencia del principio marxista: "De cada uno según su capacidad, a cada uno según su necesidad", a nuestro entender, discriminatorio, clasista.

Propone, el libre tránsito de personas y mercaderías por todas las fronteras internacionales.

Propone, una nueva forma de gobernar sin partidos políticos, organizando al pueblo por sectores sociales y estableciendo la participación de cada sector en todos los órganos de gobierno, en iguales condiciones.

Propone, la eliminación de todo tipo de privilegios a los gobernantes.

Propone, le eliminación de las reelecciones, apelando al principio de la igualdad humanista, que reconoce a todos ser necesarios, pero nadie indispensable.

Propone, la elección por seis y tres años y la renovación de los cargos cada 3 años para el 50% de las autoridades.

Propone, la eliminación de toda clase de fuentes energéticas contaminantes del medio ambiente y su reemplazo por otras limpias.

Propone la paz permanente en el mundo, eliminando la industria de la guerra, el desarme general y la eliminación de las fuerzas armadas.

Propone, el respeto a la libertad de prensa y expresión democráticas: El derecho de una persona natural o jurídica al uso de su libertad termina donde comienza el derecho de los demás.

Propone, el culto a la igualdad económica, política y social básica entre todos.

Propone el respeto a la dignidad humana. Los medios de comunicación no pueden publicar nombres ni imágenes de personas que no han autorizado su publicación, excepto de los casos juzgados.

Propone, el culto a la fraternidad entre todas las naciones del mundo.

ESTRATEGIA DEL MIHU PARA MATERIALIZAR SU PROPUESTA

A diferencia del marxismo-leninismo, que impuso la dictadura del proletariado mediante la razón de la fuerza, el MIHU tiene por objetivo tomar el poder en todas las naciones mediante los Movimientos Nacionales Humanistas, que usarán la vía electoral de la democracia tradicional.

Será difícil, por no decir imposible, que los posibles opositores al proyecto del MIHU puedan ofrecer a los pueblos alternativas mejores para transformar el mundo. Sin embargo, utilizarán todos los recursos lícitos e ilícitos a su alcance: mediáticos, religiosos, patrióticos, etc. a efecto de lograr la adhesión de los incrédulos. Argumentarán que el proyecto es comunista disfrazado de humanista. ¡Quieren eliminar la propiedad privada de la tierra, que es un derecho sagrado emanado de la voluntad de Dios! Que es un derecho logrado por herencia y por otros medios legales consagrados en la Constitución y las leyes. ¡Eso es comunismo!- gritarán, para que les escuchen los militares. Pero éstos, por estar incluidos en el proyecto como uno de los sectores del pueblo organizado para ejercer el poder, ya no aceptarán ayudar a esos opositores porque con ellos ya no hay patria justa posible de construir.

Argumentarán que el proyecto atenta contra la religión porque la excluye de su derecho sagrado de promover la fe de los pueblos en Dios. Pero este argumento tampoco les servirá, porque el proyecto hará posible que todos los seres humanos gocen, por fin, del pan de cada día, de la salud, de la educación y la vivienda que Dios no les puede dar por más que sus fieles recen, confiesen sus pecados de todos los días y comulguen.

Argumentarán que el proyecto es demagógico, porque es imposible que el Estado disponga de dinero suficiente para gastar en educación, salud y vivienda para todos. Dirán que ese proyecto es un imposible, y que por ser un imposible ningún gobierno, incluido los gobiernos comunistas pueden solucionar esos problemas de manera integral Y que, por ser un imposible, Dios y los gobiernos no pueden otorgar la educación, la salud y la vivienda a todos. Y que la inmensa mayoría, por carecer de recursos económicos, tienen que aceptar ese imposible y resignarse a la voluntad de Dios.

La respuesta del Movimiento Internacional Humanista es: Si hay dinero suficiente para financiar guerras mentirosas y guerras santas, con mayor razón habrá dinero más que suficiente para solucionar definitivamente los problemas expuestos.

Argumentarán que al sistema capitalista, tan beneficiosa para el desarrollo de las naciones, el proyecto le pone un tope, un freno más allá del cual ya no puede avanzar. Dirán que esto es inaceptable porque afecta el derecho a la libertad de empresa. Pero este argumento tampoco les servirá. El pueblo ya no cree en las ventajas del crecimiento económico de las naciones gracias a las empresas privadas que promueven el libre comercio. Ya no cree porque los beneficios de esa actividad privada solo hace más ricos a los ricos y más pobres a los pobres. (Para verificar lo expuesto, el autor recomienda la lectura de, entre otros, el artículo "El gobierno de los ricos", de Humberto Campodónico, publicado en el diario La República, de Lima, Perú, el 9-8-08.

Será difícil, por no decir imposible que, los opositores al proyecto logren convencer a los trabajadores argumentando que no tienen derecho a gozar todos de igual sueldo, desde el presidente de la república hasta el más humilde de los trabajadores no calificados porque eso sería un premio inmerecido a quienes nacieron sin aspiraciones al progreso.

Finalmente, la fuerza de la razón que le asiste al MIHU, le permite acceder al poder en todas las naciones, usando las herramientas de la democracia tradicional. Accederemos al poder mediante elecciones democráticas. Los Movimientos Nacionales Humanistas participarán en todos los procesos electorales como cualquiera de los partidos que postulan, pero con la diferencia de sus propuestas, que harán posible la transformación de las naciones y la transformación del mundo –como propuso Marx - pero esta vez para beneficio de todas las naciones y de toda la humanidad y de la salud de la madre naturaleza.

MECANISMO DE PARTICIPACIÓN ELECTORAL

Los Movimientos Nacionales Humanistas participarán en los procesos electorales previa organización interna, que garantice la posibilidad del triunfo electoral. Para asegurarse del concurso de militantes plenamente identificados con sus objetivos establecerán sus escuelas de formación política, y la captación mediante la fuerza de la razón de las mejores personalidades de la clase intelectual, de la clase proletaria, de la clase militar y policial, de la clase campesina, de la clase profesional y trabajadores independientes, de la clase social marginada y de la clase burguesa, así como lo logró Carlos Marx de Federico Engels, digno representante de la clase burguesa inglesa que abrazó el marxismo sin renunciar a su condición de propietario de la más importante fábrica textil de la Inglaterra industrial.

En cuanto tengan los cuadros políticos calificados, iniciarán la etapa de la organización del pueblo, por sectores:

1.- Sector de la población marginada
2.- Sector de los trabajadores dependientes.
3.- Sector de los profesionales y trabajadores independientes
4.- Sector de los trabajadores agrarios
5.- Sector Intelectual (escritores, periodistas, artistas, docentes, discentes).
6.- Sector militar y policial

7.- Sector empresarial privado

8.- Sector empresarial del Estado.

En cuanto tengan organizada a la población, programarán las convenciones sectoriales para elegir a los candidatos para presidente de la república y congresistas.

En su congreso nacional, elegirá de entre todos los candidatos sectoriales a sus candidatos para presidente y vicepresidente.

Elegirá también de entre todos los candidatos a congresistas, a sus candidatos para congresistas.

Si el Movimiento Nacional Humanista gana las elecciones, convocará a referéndum para que el pueblo apruebe su programa de gobierno. Si el resultado es favorable, procederá a cambiar la Constitución burguesa vigente y a implementar todo su programa de gobierno.

Recién entonces comenzará el cambio que transformará la vida política, económica y social en todas las naciones del mundo, haciendo realidad el nacimiento de la nueva sociedad humanista, producto dialéctico superior a la sociedad burguesa.

PROPUESTA DEL MOVIMIENTO INTERNACIONAL HUMANISTA

Meta.- Transformar el mundo para felicidad de la humanidad y de la naturaleza.

Objetivo.- Forjar una nueva Sociedad Humanista, producto dialéctico superior de Lucha de Contrarios entre la clase burguesa explotadora y las clases sociales explotadas.

Medios.- Constituir el Movimiento Internacional Humanista y los Movimientos Nacionales Humanistas, como organizaciones políticas de nivel nacional e internacional, sujetas a la siguiente estructura:

ESTRUCTURA SUBJETIVA:

1.Base filosófica marxista: "La filosofía es una actividad orientada a la transformación del mundo"
2.- Aplicación de la Ley Dialéctica Lucha de Contrarios que rige el desarrollo de la sociedad humana
3.- Aplicación de los Principios de la Revolución Francesa: Libertad, Igualdad, Fraternidad
4.- Aplicación de los valores humanos: morales, éticos y cívicos
5.- Aplicación de la Ley de Newton del Equilibrio y Reposo
6.- Aplicación del Principio de la Prioridad Humanista.

ESTRUCTURA OBJETIVA:

1.- Los Movimientos Nacionales Humanistas en todos los países, para forjar las Naciones Democráticas Humanistas.

2.- El Movimiento Internacional Humanista., para forjar la Organización Mundial de Naciones Humanistas.

ORGANIZACION
NACIONAL HUMANISTA

1.- El Movimiento Nacional Humanista de cada nación será una organización democrática, de participación plena y en igualdad de condiciones, de los representantes de todos los sectores sociales del pueblo:

    1.1.- Sector empresarial privado

    1.2.- Sector empresarial del estado

    1.3.-Sector de trabajadores dependientes de las empresas privadas y públicas.

    1.4.- Sector de los profesionales y trabajadores independientes.

    1.5.- Sector intelectual (escritores, periodistas, artistas, docentes, discentes, científicos, tecnólogos)

    1.6.- Sector militar-policial

    1.7.- Sector de trabajadores agrarios

    1.8 Sector de la población marginada.

2.- Organismos de dirección del Movimiento:

    2.1.Comité directivo nacional

    2.2.Asamblea Nacional de delegados

    2.3.Organismos de control y fiscalización

    2.4.Organismos electorales

3. Deberes y derechos de los miembros del Movimiento Nacional Humanista:

> 3.1 Los dirigentes del Movimiento están prohibidos de postular a cargos públicos. Dirigen la organización, pero no dirigen la nación.
>
> 3.2.Garantizar la participación de todo el pueblo en sus respectivos sectores sociales
>
> 3.3.Crear la escuela nacional para la capacitación política de los pueblos.
>
> 3.4.Participar en la organización del Movimiento Internacional Humanista.
>
> 3.5.Sustentar sus actividades con los recursos económicos provenientes de los aportes de sus afiliados, donativos y las utilidades que generen sus actividades. Como cualquier empresa privada o pública está sujeta al control fiscal del gobierno.

ORGANIZACIÓN INTERNACIONAL DEL MOVIMIENTO HUMANISTA

Objetivos:

1.- Unir a todas las naciones del mundo en una sola gran nación confederada, a imagen y semejanza de la Unión Europea.

2.- Establecer una sola moneda de igual valor en todas las naciones del mundo.

3.- Establecer el sistema capitalista humanizado en todo el mundo.

4.- Establecer el sueldo igual para todos los trabajadores en todas las naciones del mundo, sectores privado y estatal.

5.- Establecer la libre circulación de personas y mercaderías en todas las fronteras, en iguales condiciones.

6.- Establecer un solo banco estatal mundial, con filiales en todas las naciones.

7.- Establecer un solo banco central de reserva del mundo, con filiales en todas las naciones.

8.- Eliminar la industria de la guerra. Establecer el desarme general y eliminar las fuerzas armadas en todas las naciones del mundo.

9.- Eliminar el uso de las fuentes energéticas contaminantes y normar su reemplazo por otras limpias que contribuyan a la recuperación de la salud del planeta Tierra.

10-Establecer la sede del gobierno mundial de la sociedad humanista de manera rotativa, por un período de seis años, en el país ganador del sorteo, a efecto de contribuir a su especial desarrollo coyuntural.

ESTRUCTURA ORGÁNICA DEL MOVIMIENTO INTERNACIONAL HUMANISTA.

La estructura orgánica y sus funciones lo decide su Asamblea General de Delegados, integrado por dos delegados del Movimiento Nacional Humanista de cada país, acreditados por sus respectivas Asambleas Nacionales, como resultado de la elección por sorteo de entre todos los candidatos propuestos por sus respectivas bases. Un delegado será acreditado por tres años y el otro por seis, sin lugar a reelección.

Los dirigentes de los órganos de gobierno del Movimiento Internacional Humanista son elegidos por sorteo, de entre todos los delegados de la asamblea.

FUNDAMENTACIÓN DE LOS FINES, OBJETIVOS Y MEDIOS DEL MOVIMIENTO INTERNACIONAL HUMANISTA

ESTRCTURA SUBJETIVA:

1.- Base filosófica marxista: "La filosofía es una actividad orientada a la transformación del mundo"

El Movimiento Internacional Humanista, toma para sí la base filosófica marxista, por considerarla producto dialéctico superior a todas las demás definiciones de la filosofía, expuestas por los grandes pensadores y filósofos de la humanidad.

Efectivamente, si el objetivo del MIHU es transformar el mundo caótico, corrupto e inhumano, no puede hacerlo proponiendo alternativas filosóficas de carácter especulativo, parecidas a las pinturas abstractas que solo sus autores saben lo que significan. No se puede transformar el mundo con ideas que evaden la realidad social: no hay educación para todos, no hay salud para todos, no hay viviendas para todos, no hay alimentos para todos.

Al extremo que la inmensa mayoría, más de dos mil millones de personas en el mundo mueren de ignorancia, mueren por falta de atención a la salud, sobreviven comiendo basura , cobijándose en chozas construidas con materiales recuperados del basurero en los cerros, al borde los ríos, debajo de los puentes, en las veredas de las calles. Viven a imagen y semejanza de los demás animales. Ninguna de las filosofías especulativas, muchas de ellas llamadas humanistas se ocupan de dichos problemas. La filosofía religiosa lo hace, pero para pedirle a Dios su solución. Pero Dios no los escucha y el mundo no cambia; al contrario, cada día está peor, sumido en las guerras mentirosas, en las guerras santas, en los placeres de la "Civilización del espectáculo", en los placeres de la sociedad de consumo, en la adoración del Becerro de Oro, en la corrupción.

Es llegada la hora entonces de transformar el mundo, como lo quería Marx y como lo quieren todos los que no tienen nada y no tienen nada que perder.

Transformaremos el mundo cambiándolo todo. Estableciendo un nuevo sistema político que garantice la participación plena, en iguales condiciones, de todos los sectores de la población organizada. Estableciendo la educación igual para todos, obligatoria hasta el nivel técnico, y voluntaria a nivel universitario. No será una educación elitista, que prepara a los pocos para ser gobernantes y a los millones para ser gobernados. Será una educación basada en valores morales, éticos y cívicos, defensora de los derechos humanos. "Será una educación que capacita a todos para el trabajo y, como el hombre se realiza por medio del trabajo, esta es también la genuina educación humanista" (Augusto Salazar Bondy, filósofo peruano). Cuando todos los seres humanos hayamos aprendido y seamos practicantes de los valores humanos, seamos defensores de los derechos humanos y estemos capacitados para el trabajo y capacitados para gobernar, la humanidad toda habrá adquirido un nuevo nivel cultural de carácter homogéneo, ya no para hacer guerras santas ni para filosofar especulativamente ni para practicar el "capitalismo salvaje" (Papa Juan Pablo 23), sino para vivir todos libres, iguales y fraternalmente en el reino de la nueva Sociedad Humanista.

El costo de la nueva educación no será un gasto, será una inversión rentable para las naciones. Los beneficiarios pagarán las pensiones de enseñanza. Tendrán la capacidad económica para hacerlo. Esto se logrará estableciendo el sueldo igual para todos, trabajadores y funcionarios de los sectores públicos y privado, incluido el presidente de la república. Es posible que esta medida les afecte a la clase burocrática privilegiada y renuncien al trabajo. En ese caso, quedará demostrado que ese tipo de gente no trabajaba por amor al chancho sino al chicharrón. El gobierno del MIHU les demostrará que todos somos necesarios, que nadie es indispensable. Los pueblos no tienen nada que perder perdiendo gente que en el ejercicio del gobierno no hizo nada en beneficio de todos, como prioridad uno.

Transformaremos el mundo estableciendo el derecho de todos a la salud y a la seguridad social financiado por los mismos beneficiarios y la patronal. La salud dejará de ser uno de los mejores negocios del sector privado. Nadie se morirá de enfermedad por carecer de recursos económicos.

Transformaremos el mundo proporcionándoles viviendas de interés social a todas las familias que carezcan de recursos económicos para rentar o comprar una vivienda.

El estado construirá y rentará esas viviendas. Esta medida no afectará al sector privado de la construcción por cuanto ese sector solo construye casas para los que poseen recursos económicos más que suficientes. Las casas de interés social no serán ratoneras, sino viviendas dignas de seres humanos. Esa será la diferencia.

2.- Aplicación de la Ley Dialéctica Lucha de Contrarios, que rige el desarrollo de la sociedad humana.

Esta ley, ha sido desarrollada en la sección Introducción de este libro. Sin embargo, vale agregar los siguientes argumentos:

2.1.- La Lucha de Contrarios no solo se da entre la clase burguesa explotadora en su condición de propietarios de los medios de producción, y la clase proletaria explotada por los primeros. La clase burguesa explota también a los demás sectores sociales: la clase campesina, la clase profesional y trabajadores independientes, la clase intelectual, la clase militar-policial y a la clase social marginada (lumpen proletariado, para los marxistas), y a todo el pueblo en conjunto vendiéndoles sus productos a precios de usura. Los explota pagándoles a los trabajadores sueldos de hambre, comprándoles a los campesinos sus productos a precios por debajo de su valor real. Esta explotación inhumana, hace posible que los pocos ricos sean cada vez más ricos y los millones de pobres sean cada vez más pobres. Hecho que genera convulsiones sociales que desembocan muchas veces en acciones violentas que no resuelven nada y más bien lo agravan todo.

Para solucionar este problema, el marxismo propuso y puso en práctica la "lucha de clases" y "La violencia es la partera de la historia"; Mao Tse Tung, por su parte agregó más leña al fuego: "El poder nace del fusil". Así, mediante la violencia revolucionaria nacieron la ex- Unión Soviética, el bloque de países socialistas de Europa, la ahora República Popular China y Cuba Socialista. Lamentablemente, la historia se encargó de demostrar que la violencia revolucionaria solo sirvió para encumbrar a la clase dirigente del partido comunista de la ex- Unión Soviética y aferrarse al poder mediante la dictadura del proletariado hasta pudrirse y caer sin pena ni gloria. Los demás países socialistas, llamadas democracias populares corrieron la misma suerte. China subsiste, pero como capitalismo de estado que explota a su pueblo en su condición de chinos baratos para poder exportar sus productos a todo el mundo a precio de dumping

Cuba socialista lleva más de cuarenta años en el poder. Sus dirigentes están muy bien, pero el pueblo muy mal. Si se sostiene hasta ahora esa revolución es por culpa exclusiva del bloqueo económico del gobierno imperial de USA, que ha generado en el pueblo cubano el odio santo al imperio, dejando de lado sus penurias económicas y sus libertades democráticas. Cuando el bloqueo termine, el pueblo pedirá pan con democracia. Entonces las cosas cambiarán. Si el gobierno les da democracia social de participación plena a todos los sectores sociales del pueblo organizado, en iguales condiciones, incluido su clase militar y excluidos los partidos políticos de toda posibilidad de gobernar, la revolución cubana podría convertirse muy pronto en la primera Sociedad Humanista del mundo.

Mientras tanto, el Movimiento Internacional Humanista, convencido de la inutilidad de la violencia revolucionaria, opta la alternativa de la unidad de todas las clases, en iguales condiciones, a efecto de transformar el mundo en beneficio de toda la humanidad. Aplicando la Ley de Newton del Equilibrio y Reposo, que establece: "Una partícula (un hombre) se encuentra en equilibrio cuando la resultante de todas las fuerzas actuantes es cero". Aplicando, además el Principio de la Prioridad Humanista, que establece: Realizar las acciones que favorezcan, en primer lugar a todos, en segundo lugar, a algunos; y en tercer lugar, a alguien.

Un gobierno democrático de participación plena de todos los sectores sociales del pueblo organizado, en la que estará incluido el sector de la clase burguesa, conviene a todos si se tiene en cuenta su capacidad empresarial. Y a la clase burguesa le conviene la unidad porque seguirá haciendo negocio- esta vez humanizado- sin los contratiempos de las huelgas por mejores condiciones laborales; pues el sueldo igual para todos hace imposible dicha medida de fuerza.

3.- Aplicación de Ley Dialéctica Lucha de Contrarios, que rige el desarrollo de la sociedad humana:

Unidad=Sociedad burguesa

Lucha de Contrarios:

Clase social burguesa explotadora y Clases sociales explotadas:

> Clase proletaria
> Clase campesina
> Clase profesional y trabajadores independientes
> Clase intelectual (estudiantes, docentes, escritores, artistas, periodistas, científicos.
> Clase militar-policial
> Clase social marginada.

Producto dialéctico superior:

SOCIEDAD HUMANISTA.

Sustentada en la unidad igual de todas las clases. Lograda de manera pacífica, anteponiendo el interés de todos, el interés prioritario de la humanidad a desarrollarse en paz, en armonía, en libertad, en igualdad, sin explotadores ni explotados.

La nueva Sociedad Humanista será igual que una orquesta sinfónica: constituida por muchas variedades de instrumentos musicales, que emiten diferentes sonidos; los cuales, unidos en tonos armónicos expuestos en una partitura por el autor y el director de orquesta, se expresan en conjunto ya no como simples sonidos independientes sino como música orquestada que embriaga de placer a los oyentes.

La nueva Sociedad Humanista será la expresión sinfónica de todas las voces y sentimientos de la humanidad.

La clase burguesa seguirá produciendo riqueza en el sector empresarial privado, pero al pagarle a todos sus trabajadores igual sueldo y estar impedido de invertir sus utilidades en las bolsas de valores y en bienes raíces y otros negocios de carácter especulativo, el monto de su riqueza ya no será desmedida, sino riqueza grata para todos, no envidiable.

El sueldo igual para todos, una vez superada la incomprensión inicial de algunos sectores privilegiados, contribuirá a la ampliación masiva del mercado de productores, hasta equilibrar la oferta y la demanda.

4.-APLICACIÓN DE LOS IDEALES DE LA REVOLUCIÓN FRANCESA:

La Libertad. La Igualdad. La Fraternidad.

LA LIBERTAD:

- -Lo que se dice de ella
- -Lo que se hace de ella
- -Lo que la Sociedad Humanista hará con ella.

LO QUE SE DICE DE LA LIBERTAD:

"La libertad nos impulsa a brindar vida y sangre para afirmar nuestra certeza de que somos, por fin, capaces de realizarnos por gracia de ser solamente humanos. Es el sentimiento que devuelve a la palabra el prestigio, la energía y la razón de ser que, más de 200 años atrás, aseguró para nosotros la Revolución Francesa".

Luís Jaime Cisneros
Catedrático y escritor peruano
"Libertad, cuantos crímenes se cometen en tu nombre"
María Antonieta
Reina de Francia

"La condición de la libertad es inherente a la humanidad, una inevitable faceta de la posición del alma, con la implicación de todas las interacciones sociales con posterioridad al nacimiento implica una pérdida de libertad voluntaria o involuntariamente. El hombre nace libre, pero en todas partes está encadenado"

Jean Jacques Rousseau

"Se suele considerar que la palabra libertad designa la facultad del ser humano que le permite decidir llevar a cabo o no una determinada acción según su inteligencia o voluntad. La libertad es aquella facultad que permite a otras facultades actuar y que está regida por la justicia"

"La libertad permite al hombre decidir si quiere hacer algo o no, lo hace libre, pero también responsable de sus actos. En caso de que no cumpla esto último se estaría hablando de libertinaje.

La libertad es la capacidad de actuar de conformidad con los dictados de la razón.

La libertad es la capacidad de actuar de conformidad con el propio ser verdadero o valores.

La libertad es la capacidad de actuar de conformidad con los valores universales (como la verdad y el bien).

La libertad es la capacidad de actuar con independencia de los dictados de la razón y la insta de deseos, es decir, arbitrariamente (autónomo)

Libertad – Wikipedia, la enciclopedia libre.

"La libertad no precede al deber, sino que es consecuencia de él.

La libertad es una noción metafísica, de la cual no puede darse una demostración teorética, pues esto sería tanto como conocer lo absoluto; ahora bien, en el orden práctico debemos creernos libres; porque de no ser así, no se explicaría la conciencia del deber"

Immanuel Kant

"Bendito sea el caos, porque es síntoma de libertad"

Ronald Reagan

"Consiste la libertad física en la ausencia de obstáculos de cualquier naturaleza".

Enrique Tierno Galván

"Cuando sea posible hablar de libertad, el Estado como tal dejará de existir"

Arthur Schopenhauer

"Cuesta mucho trabajo que la libertad vuelva a la franca unidad del instinto"

Friedrich Engels

"La libertad no es un fin; es un medio para desarrollar nuestras fuerzas"

André Maurois

"Tu libertad para agitar los brazos termina en donde comienza mi nariz"

Vargas Llosa

"La libertad de entendimiento consiste en ser esclavo de la verdad, y la libertad de la voluntad en ser esclavo de la virtud"

Jaime Balmes

Declaración de los Derechos del Hombre y del Ciudadano 1791:

"Todos los seres humanos nacen libres e iguales en dignidad y derechos y, dotados como están de razón y conciencia, deben comportarse fraternalmente los unos con los otros"

Declaración Universal de los Derechos Humanos. Art.1 1948:

Amamos la libertad porque nos hace sentir la poesía de la vida, y nunca somos más grandemente humanos como cuando estamos luchando por la libertad.

"A vosotros y a mi se nos dice cada vez más que tenemos que escoger entre izquierda o derecha, pero me gustaría sugerir que no hay tal cosa como izquierda o derecha. Sólo hay arriba o abajo – arriba hacia un sueño viejo como el hombre; la libertad definitiva compatible con la ley y el orden – abajo hacia el totalitarismo de hormiguero, e independientemente de su sinceridad, sus motivos humanitarios, lo que cambiarían nuestra libertad por seguridad nos han embarcado en esta trayectoria hacia abajo"

Eduardo Angeloz

Declaración de derechos de Virginia, 1776:

Art.4.- La libertad consiste en poder hacer todo aquello que no perjudique a otro; por eso, el ejercicio de los derechos naturales de cada hombre no tiene otros límites que los que garantizan a los demás miembros de la sociedad el goce de estos mismos derechos. Tales límites solo pueden ser determinados por la ley.

Art.11.- La libre comunicación de pensamientos y de opiniones es uno de los derechos más preciosos del hombre, en consecuencia, todo ciudadano puede hablar, escribir e imprimir libremente, a trueque de responder del abuso de esta libertad en los casos determinados por la ley.

LA LIBERTAD. LO QUE
SE HACE CON ELLA:

"¡Libertad, cuantos crímenes se cometen en tu nombre!"

María Antonieta
Reina de Francia

La Revolución Francesa guillotinó a la familia Real de Francia para asegurarse del poder y establecer el gobierno de la sociedad burguesa y declarar la república de la libertad, de la igualdad y de la fraternidad.

Ha pasado el tiempo, más de 200 años, y esas promesas han quedado en solo promesas. Francia republicana y democrática, no practica ni la libertad, ni la igualdad ni la fraternidad humanista. Es una superpotencia capitalista, gobernada por la clase burguesa explotadora del trabajo de los proletarios y de las demás clases sociales. Si esta afirmación no fuera cierta, en Francia tendríamos establecida ya la Sociedad Humanista, en la forma como lo proponemos. Tuvo razón entonces la reina María Antonieta al exclamar, antes de ser guillotinada: ¡Libertad, cuantos crímenes se cometen en tu nombre!

"Bendito sea el caos, porque es síntoma de libertad"

Ronald Reagan. Presidente de USA.

Este concepto de libertad anárquica desprestigia las buenas intenciones democráticas del gobierno de USA. Lamentable que lo haya dicho nada menos que su presidente. Esto es igual al concepto de "El fin justifica los medios", expuesto por Machiavelo. El caos es la expresión de la libertad anárquica, no genera libertad democrática, solo genera más muerte, destrucción y pobreza para los que quedan vivos. El caos es como el terremoto de Haití, que destruyó todo. No ha generado libertad para los pocos que quedaron vivos sino sufrimiento de por vida que no es libertad como sinónimo de felicidad. Sería bueno que el pueblo de USA tome nota de esta expresión presidencial. Lo desprestigia como pueblo civilizado.

"El hombre nace libre, pero en todas partes está encadenado"

Jean Jacques Rousseau

Los gobiernos de la clase burguesa se jactan de ser defensores de las libertades democráticas:
Libertad de asociación, libertad de circulación, libertad de enseñanza, libertad de empresa, libertad de expresión. Sin embargo, en la práctica, ningún gobierno respeta esas libertades.

La clase trabajadora no puede organizarse libremente como sindicato en todos los países. Está sujeto a reglamentación que limita ese derecho. En consecuencia, los trabajadores tienen derecho a libre asociación, pero en la práctica están encadenados.

La clase trabajadora, aun cuando ya está autorizada a actuar sindicalmente, no goza de la libertad de acción para materializar sus reclamos. No puede movilizar libremente a sus masas para hacer presión. No puede hacer huelgas que no estén reglamentadas. En consecuencia, los sindicatos gozan de la libertad de acción en teoría, pero en la práctica están encadenados a los intereses de la clase burguesa.

El pueblo goza del derecho a la libertad de expresión en teoría, pero en la práctica está encadenado a la voluntad de los medios de comunicación. Estos ignoran o tergiversan el uso de ese derecho de acuerdo a sus conveniencias. Los medios de comunicación gozan de la libertad de prensa y expresión para mentir, tergiversar, calumniar, silenciar y hacer escarnio de la dignidad de las personas. En consecuencia, el pueblo goza de la libertad de expresión en teoría, pero en la practica está encadenado a los intereses de los promotores de "la civilización del espectáculo" (Vargas Llosa).

Existe la libertad de empresa, pero solo para enriquecer a sus dueños explotando a sus trabajadores, explotando al estado, explotando al pueblo. En consecuencia, la libertad de empresa es muy buena para la clase burguesa, pero muy mala para los trabajadores y el pueblo. La libertad de empresa solo sirve para hacer más ricos a los ricos y más pobres a los pobres.

El pueblo tiene derecho a la libertad de enseñanza para educar a sus hijos conforme a sus propias convicciones. Sin embargo, en la práctica, esa libertad lo encadena a educar a sus hijos en los centros educativos privados – si tiene recursos económicos - o a educarlos en las escuelas públicas, donde se formarán como los futuros gobernados. En consecuencia, el pueblo tiene derecho a la libertad de educar a sus hijos, pero está encadenado a los intereses de la clase burguesa.

Existe la libertad intelectual. Cualquiera puede escribir un artículo, un ensayo, una novela, una obra de teatro. Puede escribir, pero no puede publicarlo en los medios de comunicación o convertido en libro. Este es un privilegio de muy pocos; de los que ganan algún concurso o de los que dejan de comer para publicar su libro. En consecuencia, el pueblo goza de libertad intelectual, pero está encadenado a los intereses comerciales de las editoras y a los intereses de los medios de comunicación.

EL USO DE LA LIBERTAD POR LOS MEDIOS DE COMUNICACIÓN SOCIAL

El poder mediático del gobierno de la clase burguesa, junto a los poderes militar y religioso, es su principal sostén. Es el poder que se encarga de elevar hasta la gloria todo lo que le conviene a la clase burguesa, y de sepultarlo en el infierno todo lo que no le conviene a esa clase. Para ello, cuenta con el dispositivo constitucional que establece en su beneficio exclusivo el derecho a la libertad de prensa y expresión irrestricta y absoluta, que le permite mentir, tergiversar, omitir, inventar noticias y comentar de acuerdo a sus intereses, sin tiempo ni medida. Gracias a esa extraordinaria facultad legal el poder mediático ha logrado establecer en beneficio de la clase burguesa "la civilización del espectáculo" (Vargas Llosa), que ha hecho posible la adicción del pueblo a los programas especulativos, frívolos, pornográficos, violentos, sensacionalistas y fantasiosos; postergando a un tercer plano los temas políticos, económicos y sociales, que, por su importancia y transcendencia deberían ocupar el primer lugar. El poder mediático ha tirado al traste el concepto cultural humanista de Lope de Vega: "Al pueblo hay que darle cultura", reemplazándolo con la frase: Al pueblo hay que darle basura, no cultura. Las pocas excepciones se pierden como las voces lanzadas en el desierto o como las semillas sembradas en el mar.

Esa política de libertad de prensa y expresión irrestricta y absoluta que posibilita la adicción del pueblo a la basura mediática no es una libertad democrática sujeta a ley; es una libertad anárquica, que no admite leyes, "solo posible cuando desaparezca el Estado". (Arthur Schopenhauer). Al respecto, cabe precisar que sus excesos son penados por la ley. Esto está escrito, pero no se cumple. Y si se cumple, ya es demasiado tarde para reparar la dignidad humana mellada. Mario Vargas Llosa critica los excesos mediáticos que promueven "la civilización del espectáculo", pero se resigna a aceptar "que ese es el precio que los demócratas tenemos que pagar para conservar la libertad". Como se puede apreciar, algunos grandes literatos burgueses critican lo que comen, pero sin cambiar lo que están comiendo.

LA LIBERTAD, LA IGUALDAD
Y LA FRATERNIDAD EN LA
SOCIEDAD HUMANISTA:

Históricamente, al principio todo fue caótico en el Universo. Luego se fue ordenando, hasta alcanzar su estado actual, casi perfecto. En consecuencia, interpretado dicho proceso dialécticamente, para la libertad se establece:

Unidad=Libertad

Lucha de Contrarios:

Caos y orden

Resultado dialéctico superior:

Libertad responsable, sujeta a ley democrática.

Consecuentemente, el Movimiento Internacional Humanista reconoce la existencia de dos tipos de libertad humana: la libertad anárquica, que permite a la persona hacer todo lo que le venga en gana, sin límites de ninguna naturaleza; y la libertad democrática, que posibilita a la persona a usar ese derecho sólo hasta el límite donde comienza el derecho de los demás. Reconoce esos dos tipos de libertad, pero solo valida la libertad democrática, por ser un producto dialéctico superior, propio de animales hombres humanizados:

Unidad=animal hombre

Lucha de Contrarios:

Sentimientos irracionales y sentimientos racionales

Producto Dialéctico Superior:

Animal hombre humanizado.

Consecuentemente, la sociedad humanista gozará del derecho a la libertad democrática, que se expresa:

1.- Como acto responsable de la persona, que acepta usar su libertad por sí y para sí sólo hasta el límite donde comienza la libertad de los demás.

2.- Como acto jurídico, para que la justicia castigue las faltas contra la libertad responsable.

Para evitar las faltas a la libertad responsable, en el ejercicio de la libertad de prensa y expresión, se establecerá en la Constitución de la nueva república democrática humanista:

Los medios de comunicación social están prohibidos de publicar nombres e imágenes de personas que no han autorizado su publicación por escrito; excepto los casos juzgados.

De esta manera, el uso y abuso de la libertad será sólo un doloroso recuerdo de todos aquellos actos que hicieron posible el reino de los más fuertes, a costa de la libertad esclavizada de los más débiles.

LA IGUALDAD:

"Todos los seres humanos nacemos entre la orina y las heces. Pocos llegamos a la orilla. La inmensa mayoría se queda atrapada en la porquería" (Mario Vargas Llosa)

De acuerdo a este pensamiento, todos los seres humanos nacemos en igual condición: desnudos y en medio de la porquería. No importa la raza, el nivel económico, social, religioso o político de nuestros padres. Pero esa igualdad que nos da la naturaleza, apenas dura segundos o minutos para pocos, pues estos son inmediatamente bañados y arropados y entregados a sus padres para gozar de todas las comodidades. La inmensa mayoría, en cambio, sobrevive por milagro de la naturaleza y sale de esa porquería solo para sumarse a la otra porquería donde viven los pobres. Esta es la igualdad social que practica la sociedad burguesa.

Igualdad=desigualdad en lo político: pocos son capacitados para gobernar. La inmensa mayoría (millones) sólo sirven para ser gobernados.

Igualdad=desigualdad en lo económico: muy pocos reinan en la cima de la riqueza. La inmensa mayoría (más de dos mil millones de personas en todo el mundo) se ahogan en la miseria.

Igualdad=desigualdad en los sueldos y salarios. Muy pocos ganan miles en dólares. La inmensa mayoría (más de dos mil millones de personas en el mundo) no conocen lo que es un sueldo o un salario, aun que sea en centavos.

Igualdad=desigualdad en lo social: En los eventos públicos, muy pocos gozan del privilegio de ocupar asientos especiales, reservados a las autoridades o personalidades. La inmensa mayoría (más de dos mil millones de personas en el mundo) sólo pueden ocupar los lugares dispuestos para la plebe (los pobres).

Igualdad=desigualdad que se manifiesta en el sistema educativo.

Los que tienen recursos económicos gozan del privilegio de educar a sus hijos en los centros educativos privados. Los que carecen de recursos económicos (más de dos mil millones de personas en el mundo) no conocen una escuela o asisten a ellas para estudiar sentados en el suelo, al aire libre, rodeados de inmundicias, sedientos y hambrientos, azotados por el frío, la lluvia, el viento o el calor sofocante y faltos de útiles escolares básicos.

Igualdad=desigualdad que se manifiesta en los medios de transporte de pasajeros. Muy pocos gozan del privilegio de transportarse en sus autos privados. La inmensa mayoría (Más de dos mil millones de personas en el mundo) se transportan a pie, en burros, en buses destartalados, apiñados como si fueran animales, angustiados de correr el riesgo de llegar tarde a sus trabajos.

Igualdad=desigualdad en la atención de la salud. Muy pocos gozan del privilegio de la atención de su salud en clínicas privadas, atendidos por los más famosos médicos y rodeados de todas las comodidades. La inmensa mayoría (más de dos mil millones de personas en el mundo) se mueren enfermos porque les es imposible pagar el costo de la atención de su salud.

LA IGUALDAD HUMANISTA:

El Movimiento Internacional Humanista rechaza ese tipo de igualdad=desigualdad clasista que ofende a la dignidad humana, que niega los derechos humanos. Plantea, en su reemplazo la igualdad humanista, producto dialéctico superior de:

Unidad=Igualdad en la sociedad burguesa

Lucha de Contrarios:

Intereses particulares de la clase dominante e Intereses particulares de las clases dominadas.

Producto dialéctico superior:

Igualdad humanista.

Que se logra:

- Democratizando el poder político. No hay mayorías ni minorías, todos los actores son iguales en números, solo difieren en calidad, hasta que se homogenice toda la sociedad. Los gobernantes no gozan de ningún privilegio.
- Igualdad en el nacimiento y la proyección de la vida, gozando los recién nacidos de igual derecho al abrigo, a la salud, a la alimentación, a ser atendidos por sus padres en un hogar digno de seres humanos.

- Igualdad en los sueldos, para hacer posible que todos tengan capacidad de compra y nadie viva con los bolsillos vacíos y estirando la mano para recibir la limosna de los hipócritas.

- Igualdad en el trato social. Nadie gozará de privilegios en los eventos públicos. Si es gratuito, ocuparan cualquier asiento por orden de llegada. Si es pagado, todos pagarán el mismo precio y ocuparán cualquier asiento por orden de llegada.

- Igualdad en la educación. Todos tendrán igual educación hasta el nivel técnico, y será voluntario a nivel universitario. No habrá educación especial para los de arriba y educación indigna para los de abajo.

- Igualdad en los medios de transporte para pasajeros. Sólo servicio de buses eléctricos interconectados, con horarios fijos durante las 24 horas. Y servicio de taxis también eléctricos para quienes tienen urgencia.

- Igualdad en la atención de la salud y la seguridad social. La salud deja de ser un negocio privado.

- Igualdad en el derecho a la vivienda digna de seres humanos. Nadie vivirá en las calles, en los cerros, en tugurios, sin agua, sin luz.

LA FRATERNIDAD:

En la sociedad burguesa no existe la fraternidad entre todos, solo existe la fraternidad entre clases. Los miembros de la clase burguesa se protegen entre sí, cultivan la solidaridad entre ellos. Esta actitud les posibilita, por ejemplo, gobernar la nación en su beneficio. Son fraternos con los de su misma clase de las demás naciones. Son fraternos con los gobiernos de su misma clase de las demás naciones. Esta solidaridad clasista hace posible que exista las Naciones Unidas en beneficio de ellos, no de toda la humanidad. Que exista la OTAN, para dominar militarmente el mundo en beneficio de ellos. Esta fraternidad clasista de los de la cima, hace posible la existencia del grupo de los 8 países más ricos del mundo, creado para imponer a todos los demás países sus intereses económicos, políticos y sociales.

Pero la fraternidad clasista no es patrimonio exclusivo de los de la cima, también es un recurso de los pobres, de los trabajadores, de los estudiantes. Buscan alianzas entre ellos para enfrentar en mejores condiciones los abusos de la clase dominante.

Dialécticamente, la fraternidad humana se expresa así:

Unidad=Fraternidad en la sociedad burguesa.

Lucha de Contrarios:

Fraternidad clasista de los de arriba y fraternidad clasista de los de abajo.

Nuevo producto dialéctico superior:

Fraternidad Humanista.

El Movimiento Internacional Humanista hace suya la fraternidad humanista porque considera que los fraternalismos clasistas dividen y hacen posible la "Lucha de Clases", "La violencia es la partera de la historia" y "El poder nace del fusil", dándoles la razón a Carlos Marx y a Mao Tse Tung.

La fraternidad humanista, que nace de la fuerza de la razón de las personas dialécticamente humanizadas; de la aplicación de la Ley de Newton del Equilibrio y Reposo; de la aplicación de la libertad responsable, de la igualdad y de la aplicación de los valores humanos morales, éticos y cívicos, hace posible que el animal humano adquiera su nueva condición fraterna dialéctica de

HOMBRE HUMANIZADO.

Finalmente, para materializar estos tres ideales de la Revolución Francesa: libertad, igualdad y fraternidad, no se requiere de dinero, solo se requiere de la decisión humana para asumir su conversión de animal humano a hombre humanizado. A los revolucionarios franceses les faltó esa decisión para dar con la libertad, igualdad y fraternidad el gran salto hacia la Sociedad Humanista. Ellos no lo hicieron, el Movimiento Internacional Humanista lo hará.

LOS VALORES HUMANOS:

"Es evidente que los unos son naturalmente libres y los otros naturalmente esclavos; y que para estos últimos es la esclavitud tan útil como justa". (Aristóteles)

Este concepto es consecuente con el tipo de sociedad griega de entonces, constituida por tres grupos sociales principales: Los ciudadanos, los metecos o extranjeros y los esclavos. Estos tres grupos humanos que conformaban la sociedad griega desarrollaban sus actividades en polis o ciudades-estado. En esa situación, y desde el punto de vista de la organización política, Platón y Aristóteles hicieron una gran precisión en el concepto del bien común, que se sobrepone al bien particular en las relaciones comunes, entendido ese bien común como exclusivo del grupo social de los ciudadanos, excluyendo así a las mujeres, a los extranjeros, a los obreros y a los esclavos. Esta visión dio lugar a que Aristóteles afirmara que "es tan justa la igualdad entre iguales como la desigualdad entre desiguales".

Lo expuesto por los referidos pensadores y filósofos griegos corresponden a la interpretación de los valores y derechos humanos de esa época. Si Platón y Aristóteles vivieran actualmente, es más que probable que no pensarían igual que entonces, a menos que estuvieran identificados con "el capitalismo salvaje" (Papa Juan Pablo 23), impuesto al mundo por la clase burguesa. Estarían, posiblemente más cerca o totalmente identificados con la Declaración del Hombre y del Ciudadano, que afirma expresamente "que la ignorancia, la negligencia o el desprecio de los derechos humanos son la únicas causas de calamidades públicas y de la corrupción de los gobiernos". Y también, posiblemente estarían de acuerdo en que "Todos los seres nacen libres e iguales en dignidad y derechos", establecido en la Declaración Universal de los Derechos Humanos. Estarían de acuerdo, por lo menos en teoría, como lo estuvieron los pensadores y gobernantes que redactaron y aprobaron la Declaración de los Derechos del Hombre y del Ciudadano y la Declaración Universal de los Derechos Humanos. De acuerdo en teoría, pero contrarios en la práctica, porque esas famosas declaraciones afectaban los derechos de la clase burguesa. Ninguno de los gobiernos que representan los intereses de la clase burguesa respetan los derechos humanos. Lo demuestran con sus cárceles, donde se pudren en vida los inculpados y sentenciados. Lo demuestran con sus programas asistencialistas a los indigentes, en lugar de eliminar la indigencia. Lo demuestran creando riqueza para los de arriba y más pobreza para los de abajo. Lo demuestran usando la libertad, la igualdad y la fraternidad en beneficio de los de la cima. Lo demuestran al haber impuesto la adoración del becerro de oro y la civilización del espectáculo, que ha hecho posible que el pueblo borre de su mente la existencia de los valores humanos, la existencia de los derechos humanos. Estos son los valores humanos que practica la sociedad burguesa.

El Movimiento Internacional Humanista se constituye para cambiar esas inmoralidades, y ofrece a la humanidad la posibilidad de alcanzar su redención gracias a su propio esfuerzo, imantado su alma de una nueva moral ética y cívica, cimentada en sus necesidades básicas, por fin, satisfechas: su derecho a la educación, a la salud, a la vivienda, y la alimentación como producto de su trabajo digno.

Moralmente, ya nada justificaría que el hombre humanizado decida recorrer el sendero oscuro, para seguir haciéndose daño así mismo y daño a sus semejantes.

Éticamente, ya nada justificaría que el hombre humanizado se engañe así mismo engañando a sus semejantes con el ejercicio deshonesto de sus actividades.

Cívicamente, ya nada justificaría que el hombre humanizado se resigne a ser solamente objeto de uso político, en lugar de ser el actor fraternal, protagonista de su propio destino y del destino de su patria y del destino del mundo.

APLICACIÓN DE LA
LEY DE NEWTON DEL
EQUILIBRIO Y REPOSO

Equilibrio viene del griego: naturaleza. El ser humano es producto de la naturaleza, es parte de la naturaleza, apenas una partícula. La naturaleza actúa interaccionada, ergo, la naturaleza humana actúa interaccionada, como todo en la naturaleza. "Cuando un ser humano se desplaza hacia un punto determinado de su entorno, sabemos que es debido a una interacción entre él y su entorno. Y que, por consiguiente, esta interacción puede expresarse como una fuerza (emoción, sentimiento) que actúa sobre el ser humano" (Alonso y Finn, 1,190). Esta interacción entre el hombre (objetivo) y sus sentimientos (subjetivo), lo define Newton en su Ley del Equilibrio y Reposo, que dice: "Una partícula (un hombre) se encuentra en equilibrio cuando la resultante de todas las fuerzas actuantes es cero"; que, en términos de salud mental se llama equilibrio físico-mental.

En la nueva sociedad humanizada, el hombre no es una partícula caótica, errante; es una partícula interaccionada entre él y su entorno. Su entorno es su familia, su comunidad, su país, el mundo (expresión objetiva) y los problemas políticos, económicos y sociales (expresión subjetiva). Interacción que le obliga a actuar en equilibrio, si goza de salud físico-mental, ó en desequilibrio, si carece de ella.

En la sociedad burguesa no existe el equilibrio físico-mental, existe el desequilibrio, causado por la Lucha de Contrarios (Ley dialéctica) entre la clase burguesa explotadora y las clases sociales explotadas. Desequilibrio que se manifiesta en la falta de libertad, igualdad y fraternidad humanista, en el desconocimiento de los derechos humanos, en la absoluta desigualdad económica entre los de arriba y los de abajo.

En consecuencia, el Movimiento Internacional Humanista hace suyo la Ley de Newton del Equilibrio y Reposo y la aplica como ley del equilibrio físico-mental humano, después de haber logrado la salud físico-mental del pueblo gracias a reconocerles sus derechos básicos de educación, salud, vivienda y alimentación (expresión objetiva) y sus derechos humanos: libertad, igualdad y fraternidad a TODOS (expresión subjetiva). En otras palabras, el dominio del equilibrio físico-mental, permite a las personas humanizadas, cualquiera que sea su estado físico, caminar derecho – no rengo a la izquierda ni rengo a la derecha (políticamente hablando) – y cruzar los abismos por sus cimas caminando seguros sobre una cuerda, como los equilibristas de "El cruce sobre el Niágara" (famosa obra de teatro del autor peruano Alonso Alegría).

APLICACIÓN DEL PRINCIPIO
DE LA PRIORIDAD

El ser humano no es una partícula (un hombre) errante, aislado, caótico y por lo tanto fuera de toda posible interacción entre él y su entorno; es un ser asociado, inteligente, sociable, fraternal con sus semejantes; pero para llegar a ese estado, el hombre, durante todo el proceso de su evolución, ha tenido que limar sus defectos y pulir sus virtudes hasta alcanzar su nivel de animal hombre humanizado. Es en esta condición que se integra al Movimiento Internacional Humanista, dispuesto a contribuir a la acción de trasformar el mundo (su entorno) en beneficio de toda la humanidad. En esta trascendental tarea, el hombre humanizado ya no actúa pensando sólo en sí, en su beneficio particular, sino también en el beneficio de sus semejantes. Pero también piensa en beneficiar con sus actos no solo a sus semejantes que están en su entorno, también piensa en los otros que están lejos, que no los ve pero que sabe que existen, piensa también en ellos y también en su medio ambiente. Le gusta vivir sano en un medio ambiente sano. Observa y razona entonces que sus actos los tiene que realizar priorizando los problemas. ¿Qué es más urgente? ¿Atender los problemas personales? ¿Los problemas de algunos? o ¿Los problemas que afectan a todos? Asume entonces una decisión humanista: priorizar los problemas básicos que afectan a todos: educación, salud, vivienda y alimentación. Si no hay educación para todos, algunos serán cultos y los demás ignorantes, hecho que imposibilitará homogenizar culturalmente a la sociedad. Si no hay salud para todos, algunos gozarán de salud, y los demás morirán enfermos. Si no hay vivienda para todos, algunos gozarán de viviendas cómodas, dignas de seres humanos, los demás, vivirán como animales, en tugurios, en los cerros, al borde de los ríos, debajo de los puentes, en las aceras de las calles.

En consecuencia, el Principio de la Prioridad Humanista, basada en valores morales y en el absoluto respeto a los derechos humanos, priorizará, primero el derecho de todos, segundo, el derecho de algunos, y tercero, el derecho de alguien.

ESTRUCTURA OBJETIVA DEL MOVIMIENTO INTERNACIONAL HUMANISTA FUNDAMENTACIÓN

Teniendo en cuenta que, la corrupción de la sociedad burguesa es genérica, es global, que no existe ninguna nación en el mundo libre de corrupción política, económica y social, al extremo que "allí donde se pone el dedo salta la pus" (Manuel Gonzáles Prada, poeta peruano), no es posible transformar el mundo con acciones aisladas, sino con interacciones de los pueblos comprometidos con el proyecto del Movimiento Internacional Humanista, en sus niveles nacionales e internacional. Para ello, es que se constituirá simultáneamente el Movimiento Internacional Humanista y los Movimientos Nacionales Humanistas. Será una nueva versión de la Internacional Socialista, creada por el marxismo, pero con la gran diferencia de sus objetivos políticos, económicos y sociales.

Se anticipa que será una tarea titánica de hombres y mujeres dispuestos a recuperar su dignidad de personas humanas, dispuestos a transformar el mundo para felicidad de toda la humanidad y de la naturaleza "recorriendo la ancha avenida de la esperanza" (Presidente Allende, de Chile) Utopía esta sin duda para los que han perdido su dignidad y han decidido morir adorando el becerro de oro y gozando de los placeres de la civilización del espectáculo; pero una luz al final del túnel para la inmensa mayoría (miles de millones de hombres y mujeres de todo el mundo) dispuestos a alcanzar esa luz luego de cruzar el túnel en la más grandiosa epopeya jamás imaginada.

LOS MOVIMIENTOS NACIONALES HUMANISTAS

Estos se formarán, primero en la consciencia de los que lean este proyecto. Serán los estudiantes, los intelectuales, los trabajadores ya acostumbrados a la lucha política tradicional pero dispuestos a renovarse, los asesores de la clase burguesa, algunos de la misma clase burguesa ávidos de novedades, los militares, los policías, los profesionales. Conversarán, discutirán sus alcances. Algunos se alegrarán, otros renegarán pero, finalmente entenderán que, a falta de otras alternativas, ésta es la mejor para transformar los países y el mundo. Y entonces decidirán el nacimiento de los movimientos nacionales humanistas y su interacción internacional.

La estructura orgánica de los movimientos nacionales humanistas y la estructura de la Internacional Humanista, ya están explicadas. Ahora veamos sus objetivos políticos, económicos y sociales.

OBJETIVOS POLITICOS NACIONALES

1.- Reforma Constitucional:
1.1 Nueva base subjetiva y objetiva del Estado
1.2 Reforma del sistema democrático
1.3 Reforma del sistema económico de producción
1.4 Reforma agraria
1.5 Reforma urbana

1.6 Reforma educativa, cultural y científico-tecnológica

1.7 Reforma del sistema de salud y seguridad social

1.8 Reforma del poder judicial

1.9 Reforma de la estructura del estado

1.10 Participación en la Internacional Humanista.

FUNDAMENTACIÓN

Ninguna de las reformas propuestas se puede efectuar sin modificar previamente la Constitución vigente que sustenta al gobierno de la clase burguesa. En consecuencia, el Movimiento Nacional Humanista procederá a su modificación por la vía legal, es decir, después de acceder al gobierno por la vía electoral tradicional y en aplicación de sus propuestas preelectorales. Este procedimiento está expuesto en este libro, en el acápite Estrategia del MIHU para materializar sus propuestas.

REFORMA CONSTITUCIONAL

ESTRUCTURA SUBJETIVA:

La nueva Constitución de la República Democrática Humanista, deberá contener la estructura subjetiva que caracteriza a la Sociedad Humanista, propuesta por el Movimiento Nacional Humanista y el Movimiento Internacional Humanista: base filosófica marxista, base dialéctica que rige el desarrollo de la sociedad humana, los ideales de la Revolución Francesa: libertad, igualdad, fraternidad; los valores morales, éticos y cívicos, fundamentos del equilibrio físico-mental y el principio de la prioridad humanista.

Luego, la reforma del sistema democrático, reforma del sistema económico, reforma agraria, reforma urbana, reforma educativa, cultural y científico-tecnológico; reforma del sistema de salud y seguridad social; reforma del sistema de seguridad pública y nacional; la reforma del la estructura del estado y la participación de la nación en la creación de la OMNHU Organización Mundial de las Naciones Humanistas.

ESTRUCTURA OBJETIVA:

La reforma constitucional deberá contener en detalle los alcances de cada una de las reformas propuestas.

REFORMA DEL SISTEMA DEMOCRÁTICO:

La República Democrática Humanista, se rige por la Democracia Social de Participación Plena del Pueblo, organizado en sectores sociales:

1.- Sector empresarial privado

2.- Sector empresarial del Estado

3.- Sector de Profesionales y trabajadores independientes

4.- Sector de trabajadores dependientes

5.- Sector de trabajadores agrarios

6.- Sector intelectual (escritores, periodistas, artistas, docentes, discentes, científicos, tecnólogos)

7- Sector Militar-policial

8- Sector de la población marginada.

Fundamentación:

La democracia tradicional, representada por los partidos políticos de la clase burguesa, ha llegado a su límite. La corrupción de los partidos políticos y su cerrada defensa de los intereses de la clase burguesa lo desautorizan para seguir detentando el poder y seguir participando en la actividad política   Los políticos, en el colmo de su corrupción, con el mayor descaro cambian de partido como cambiar de camisa todos los días en beneficio de sus nuevos amos; recordándonos al célebre Eudocio Revines, ex-secretario general del Partido Comunista del Perú, que decía suelto de lengua: mi pluma está al servicio de quien me paga más. A todos nos repugna la desvergüenza de los profesionales de la política de apoltronarse en los sillones del poder vía reelecciones hasta jubilarse con la panza llena y los bolsillos que revientan de sueldos mal habidos. Ya nadie cree en los partidos políticos que son revolucionarios hasta tomar el poder, para luego pasar a ser bomberos. Ningún partido político, en ningún país del mundo entra al poder para servir los intereses de su país, para solucionar los problemas básicos de todos: la educación, la salud, la vivienda, el trabajo, la alimentación. Entran a defender los intereses de la clase burguesa, a defender sus particulares intereses políticos, económicos y sociales, a hacer más ricos a los ricos y más pobres a lo pobres. Y cuando los pueblos se rebelan a esa injusticia, esos defensores de la democracia de los de arriba ordenan a la policía y a las fuerzas armadas a develar la "conjura terrorista de los individuos de segunda clase que quieren destruir el estado de derecho" (Alan García Pérez, presidente de la república del Perú) En el colmo del cinismo, sostienen que darles a todos educación, salud, vivienda y alimentación es un imposible porque ningún país en el mundo, cualquiera sea su régimen político, cuenta con suficientes recursos económicos para solucionar así esos problemas. Lo que demuestra que, a además de cínicos son "enanos de inteligencia, liliputienses de capacidad y retacos de humanidad" (el cura Bolo, peruano). Crean dinero suficiente para priorizar el pago puntual de las deudas al Fondo Monetario Internacional y para hacer guerras santas y guerras nacionalistas, pero no pueden crear dinero para solucionar los problemas básicos de la humanidad. El mundo está al borde del desastre por culpa exclusiva de esa clase política desvergonzada y desalmada. Ante esta cancerosa realidad, no cabe otra alternativa mejor que eliminar la presencia de los partidos políticos en la administración de los poderes del Estado, sustituyéndolos por la democracia social de participación plena del pueblo organizado en sectores sociales. Esta fue una gran propuesta del gobierno revolucionario de las fuerzas armadas del Perú, dirigido por el general Velasco Alvarado. Propuesta brillante que, lamentablemente, pudiendo hacerlo no lo implementaron porque la revolución no entró a los cuarteles para transformar su organización. Ese proyecto de democracia social de participación plena, se rescata ahora para materializarlo.

El pueblo organizado por sectores, participará en igualdad de condiciones, ningún sector será mayoría ni minoría. Cada sector será organizado por el Movimiento Nacional Humanista y refrendada su organización por el Poder Electoral. Cada sector se organizará como Asociación nacional de empresarios privados, Asociación nacional de empresas del Estado, Asociación nacional de profesionales y trabajadores independientes, Asociación nacional de trabajadores dependientes, Asociación nacional de trabajadores agrarios, Asociación nacional de intelectuales, Asociación nacional de las fuerzas militares y policiales, y Asociación nacional de la población marginada. Cada asociación, a su vez, por ser organización nacional tendrá organizaciones de base distrital, provincial, departamental, y regional. La estructura orgánica de cada asociación será: las asambleas distritales, provinciales, departamentales y regionales y sus respectivas juntas directivas; luego, los congresos nacionales y sus respectivas juntas directivas nacionales; excepto la Asociación Nacional de las fuerzas armadas y policiales, que se sujetarán a su nueva forma unitaria de organización igualitaria entre todos sus miembros.

Las naciones que tengan otros tipos de organización territorial se organizarán de acuerdo a su naturaleza particular.

Los dirigentes de todas las asociaciones son elegidos por tres o seis años, sin lugar a reelección, salvo su postulación a cargos en niveles superiores y siempre por un solo período. Los congresos nacionales de cada asociación eligen a sus candidatos a representantes ante la Asamblea Nacional del Pueblo, que se constituye así en el primer poder del nuevo Estado. En las elecciones generales nacionales convocadas por el Poder Electoral el pueblo elige a los representantes de cada sector ante la Asamblea Nacional del Pueblo. Los miembros de la Asamblea Nacional son, igualmente elegidos por tres o seis años, sin lugar a reelección. En consideración al derecho de todos a participar como candidatos de sus respectivas asociaciones a organismos superiores de gobierno, y la imposibilidad de elegir a todos debido a los cupos disponibles, cada asociación resolverá ese problema apelando al sistema de elección por sorteo, cuando fuera inevitable.

Será tarea fundamental de cada asociación desde dentro de los órganos de gobierno:

1.- velar por el desarrollo político, económico y social de todos sus miembros, en igualdad de condiciones a los demás sectores.

2.- Contribuir al éxito de los objetivos políticos, económicos y sociales del Movimiento Nacional Humanista y del Movimiento Internacional Humanista

LA ASAMBLEA NACIONAL DEL PUEBLO

Estructura y funciones:

Está constituida por los congresistas representantes de las 8 asociaciones nacionales que agrupan a todos los sectores sociales. El número de representantes será de 30 congresistas por cada asociación. 15 serán elegidos por 3 años y 15 por seis años, sin lugar a reelección. La Asamblea constituirá las:

COMISIONES PERMANENTES:

1.- Comisión legislativa
2.- Comisión de economía y finanzas
3.- Comisión de producción, comercio y servicios
4.- Comisión de seguridad pública y de la nación
5.- Comisión de justicia
6.- Comisión de derechos humanos
7.- Comisión de educación, ciencia, cultura y deportes.
8.- Comisión de desarrollo urbano
9.- Comisión de desarrollo agrario
10 Comisión de Relaciones Exteriores y del interior.
11 Comisión de salud, seguridad social y medio ambiente

El número de comisiones y las funciones de cada una de ellas corresponde fijarlas a la Asamblea Nacional, luego de su instalación.

Cabe precisar la naturaleza de la participación de los sectores estudiantil, militar-policial y población marginada en el seno de la Asamblea Nacional.

La participación del sector estudiantil:

Para dirigir correctamente y con posibilidades de éxito los órganos de gobierno de la nación, se requiere de profesionales altamente capacitados en administración pública y totalmente identificados con los objetivos del Movimiento Humanista. Capacitados para afrontar los retos de la nueva sociedad humanista. Los retos del presente los afrontarán todos los militantes del Movimiento, incluido los estudiantes; pero los retos del futuro de la nueva sociedad humanista estarán a cargo de los ahora estudiantes y mañana ciudadanos.

El Movimiento Nacional Humanista incluye por eso la participación de los estudiantes en la conducción de los órganos de gobierno del Estado, junto a los demás sectores del pueblo organizado, como un deber cívico, a efecto de aprender a manejar los poderes del estado subidos sobre el caballo. Este aprendizaje político sin dejar de estudiar, les permitirá a todos los estudiantes llegar a la edad de la ciudadanía mejor preparados para gobernar el país con propiedad. Este es el reto.

El sector militar-policial constituirá junto con los representantes de los demás sectores el organismo autónomo de Seguridad pública y de la nación, encargado de las áreas de defensa civil, orden público y defensa de la nación. Mediante defensa civil deberá lograrse que los embates de la naturaleza causen el menor daño posible a la propiedad y a la población afectada. Ningún otro organismo podrá interferir en esa tarea. Mediante el área de preservación del orden público, las fuerzas policiales garantizarán en sus acciones los derechos humanos de los actores, desarrollando políticas preventivas de control ciudadano, que imposibiliten cualquier acto fuera de la ley. Mediante el área de defensa de la nación, las fuerzas armadas garantizarán la integridad territorial de acuerdo a las disposiciones del poder autónomo del que forman parte. Las Fuerzas Armadas nacionales dejarán de existir en cuanto se constituya la Organización Mundial de las Naciones Humanistas. Sus integrantes pasarán a constituir el sector policial de preservación del orden público y defensa civil.

LAS FUERZAS ARMADAS HUMANIZADAS

Este sector, si rehusara participar en la gesta de la creación del Movimiento Nacional Humanista, puede ser un serio obstáculo para la implementación del proyecto. Su discrepancia y negativa institucional a cambiar el orden político, económico y social vigente, puede servir de escudo a los opositores del Movimiento, que los habrá, porque no todos los animales hombres estarán dispuestos a elevarse a la categoría de animales hombres humanizados. Sin embargo, tomando en cuenta que los militares peruanos, en particular, estuvieron a punto de concretar la nueva democracia social de participación plena del pueblo organizado, durante el gobierno revolucionario de las fuerzas armadas, encabezado por el recordado general de los pobres, Juan Velasco Alvarado; es posible lograr de ellos su adhesión al proyecto que, toma de esa revolución sus sueños de ver establecido en el Perú la democracia social de participación plena del pueblo organizado, dialécticamente superior a la democracia burguesa tradicional contra la que irrumpieron. Es posible lograr de ellos, pero esta vez institucionalmente, su contribución decidida a hacer realidad otro de sus hermosos objetivos humanistas de ese gobierno revolucionario de las Fuerzas Armadas, que el general Arturo Valdez Palacios sintetizó: "Se trataba de que el hombre tuviera todo lo que necesita para vivir: salud, educación, vivienda; lo que para mi es un derecho natural. Pero pusimos demasiado énfasis en la propiedad de los medios de producción. Lo que realmente necesita el hombre para vivir, no se dio. Esa cosa que el hombre del pueblo sintiera la revolución en las cosas que necesitaba"

Otro argumento que pesará mucho es la naturaleza de ser militar y sus consecuencias morales. El filósofo francés Voltaire, dijo: "En la guerra, cada jefe de asesinos hace bendecir sus banderas e invocar a Dios antes de exterminar a sus prójimos". Este pensamiento crítico, absolutamente cierto, innegable, debe obligar a todos y a cada uno de los militares a una reflexión profunda sobre la naturaleza de su profesión en el seno de la sociedad burguesa, que prioriza la defensa del territorio nacional, la defensa de la patria sacrificando la vida, si fuera necesario; dejando que la historia los juzgue por las posibles trasgresiones a los derechos humanos, en el ejercicio de su profesión. Que los juzguen aquellos que juran y perjuran que son nacionalistas, que aman a su patria pero que carecen de autoridad moral, ética y cívica.

El Movimiento Nacional Humanista y el Movimiento Internacional Humanista, propician la creación de un mundo sin fronteras, que haga posible el libre tránsito de personas y mercaderías sin necesidad de pasaportes, visas, control policial, militar, control aduanero. En consecuencia todas las naciones conservarán sus actuales fronteras solo como referencia simbólica de la nacionalidad de las personas. Ese nuevo mundo sin fronteras será como Los Estados Unidos de Norteamérica, en el que todos sus ciudadanos se trasladan de un estado a otro como si cruzaran las calles de sus ciudades. Será también como la

Unión Europea, con fronteras simbólicas, con una sola moneda y próxima a liquidar sus fuerzas armadas por no ser ya necesarias en un mundo globalizado política, económica y socialmente.

Ante estos hechos, ante estas realidades geopolíticas, los militares que se adhieran al Movimiento Nacional Humanista y al Movimiento Internacional Humanista, pasarán a la historia ya no para que ella los juzgue por sus trasgresiones a los derechos humanos, sino por su decidida contribución al establecimiento de un nuevo orden político, económico y social de carácter humanista, en el que el mundo recordará las guerras santas, las guerras nacionalistas y las dictaduras militares que perturbaban el derecho de los pueblos a vivir en paz, como actos coyunturales propios de la era del animal hombre, ahora, felizmente convertidos en animales hombre humanizados. Por su generosa contribución a la transformación del mundo en beneficio de toda la humanidad, los militares serán reconocidos y pasarán a la historia liberados del peso de la verdad de Voltaire.

El Movimiento Nacional Humanista confía en la pronta integración de todas las naciones humanistas en el seno de la futura Organización Mundial de las Naciones Humanistas Unidas. OMNHU. Cuando se materialice, su primer acuerdo será la supresión de todas las fuerzas armadas del mundo y la liquidación de la industria de la guerra. Cuando eso suceda, las fuerzas armadas de las naciones humanistas dejarán de existir, y sus miembros procederán a integrarse a la organización humanista de Defensa Civil.

LA PARTICIPACIÓN DEL SECTOR DE LA POBLACIÓN MARGINADA.

En cuanto a la presencia del sector de la población marginada en el seno de la Asamblea Nacional del Pueblo, se prevé una corta duración, en consideración a que muy pronto esa clase social dejará de ser marginada al obtener sus derechos a la educación, la salud y seguridad social, trabajo y vivienda digna de seres humanos, igual para todos. En cuanto dejen de ser marginados, cada uno de sus miembros pasará a integrarse al nuevo sector social que le corresponda.

ESTRUCTURA DEL ESTADO DEMOCRÁTICO HUMANISTA

Establecidas las bases de la reforma del sistema democrático, corresponde integrar dicha reforma a la estructura del estado democrático humanista. Consecuentemente, queda constituida por orden jerárquico, de la siguiente manera:

1.- La Asamblea Nacional del Pueblo
2.- El Poder Ejecutivo
3.- El Poder Judicial
4.- El Poder Electoral
5.- Los Órganos de Poder Autónomos:
5.1.Consejo Nacional de Seguridad Pública y de la Nación:
-Defensa Civil, Orden Interno y Defensa Nacional
5.2.Instituto Nacional de Planeamiento y Planificación
5.3.Instituto Nacional de Desarrollo Infraestructural:
-Red vial, energética, irrigación, comunicación.
5.4.Instituto Nacional de Desarrollo Urbano y Agrario
5.5.Banco Central de Reserva
5.6.Banco de la Nación
5.7.Instituto Nacional de Ciencias y Tecnología
5.8.Instituto Nacional del Deporte.
6.- Los Órganos de Control:
6.1.Contraloría General de la República
6.2.Procuraduría General de la República
6.3.Defensoría del Pueblo.

Las funciones que corresponden a cada uno de los organismos nombrados, es tarea de la Comisión Legislativa Permanente de la Asamblea Nacional del Pueblo y de los expertos en la materia, comprometidos con los fines y objetivos del Movimiento Nacional Humanista y del Movimiento Internacional Humanista.

Sin embargo, cabe resaltar el sistema electoral que aplicará el Poder Electoral para la elección de todas las autoridades de los órganos de gobierno del Estado.

EL SISTEMA ELECTORAL

1.- Los miembros de la Asamblea Nacional del Pueblo son elegidos en elecciones generales, de entre los 31 candidatos que presentan cada uno de los 8 sectores del pueblo organizado. Los electores tachan a 1 candidato de cada lista, dando por aprobado a todos los demás.

2.- El presidente y vicepresidente de la república son elegidos en elecciones generales, de entre los 8 candidatos (1 por cada sector) que presentan los sectores participantes. Los electores marcan con una x la casilla de su candidato preferido. El que obtenga la mayoría es proclamado presidente. El que le sigue será el vicepresidente. Si se produjera un empate, la elección se decide por sorteo.

3.- Los ministros de estado son nombrados por el presidente, de entre las 8 ternas que presentan los 8 sectores que constituyen la Asamblea Nacional del Pueblo.

4.-Las autoridades del Poder Judicial, del Poder Electoral, de los Organismos Autónomos y de los Órganos de Control del Estado, son elegidos por la Asamblea Nacional del Pueblo, de entre todos los candidatos que presenten cada uno de los sectores de la Asamblea como propuesta oficial de sus respectivas bases. Para evitar fisuras innecesarias en la unidad, será mejor alternativa elegirlos mediante sorteo.

5.- Todas las autoridades sujetas a elección, son elegidas por un único período de 3 ó 6 años. Sin lugar a reelección. El 50% de los cargos se renuevan cada tres años.

6.- En las elecciones generales, el Poder Electoral usará un folleto-célula de votación, en el que figuren:

6.1.- Las instrucciones generales.

6.2.- Las listas de los candidatos de cada sector para la Asamblea Nacional del Pueblo (31 candidatos por lista).

6.3.- La lista de candidatos a la presidencia de la república (1 por cada sector).

6-4.- El currículum de cada candidato, en iguales condiciones todos).

7.- La participación del pueblo en las elecciones generales serán obligatorias

8.- Se suprime todo tipo de propaganda electoral particular de los candidatos, por cualquier medio de comunicación social.

9.- El Poder Electoral, dará prioridad a los estudiantes para dirigir las mesas electorales, a efecto de evitar que los ciudadanos pierdan días de trabajo en esas actividades.

10.- El Poder Electoral dirige y es el responsable de todos los procesos electorales, en todas las instancias.

REFORMA DEL SISTEMA
ECONÓMICO FINANCIERO

Se reconoce la validez del sistema capitalista de producción, pero humanizado, para diferenciarlo sustantivamente del "capitalismo salvaje", denunciado por el Papa Juan Pablo 23. El capitalismo subsistirá, pero limpio de usuras, agio, acaparamiento, de monopolios, de especulación en las bolsas de valores, de explotación a los trabajadores, a los usuarios, a las naciones, que hace posible que los ricos sean cada vez más ricos y los pobres sean cada vez más pobres.

Es en esa condición que el capitalismo subsistirá como capitalismo privado y estatal humanizados. Esto se logrará eliminando las corporaciones financieras, las bolsas de valores y las entidades bancarias y crediticias privadas. Solo funcionará el banco nacional, mediante el cual se efectuarán todas las transacciones comerciales privadas y públicas. Sistema que se universalizará en cuanto entre en vigencia la Organización Mundial de las Naciones Humanistas OMNHU.

Los promotores del "capitalismo salvaje", no aceptarán esta política económica porque huele a comunismo, huele a estado empresario incapaz, ineficiente, inepto, burocrático y corrupto que se caracteriza por despilfarrar el dinero del estado, que es dinero de todos, en actividades económicas que no le corresponde hacer, quitándole ese derecho a la empresa privada. Efectivamente, es cierto todo lo que dicen de ese tipo de estado. Pero no dicen, se cuidan de decirlo que ese tipo de estado es el que impera en todas las sociedades burguesas. Impera porque es ese tipo de estado que ellos, la clase burguesa, han implementado para su beneficio. Cuanto menos eficiente es ese estado ellos obtienen más beneficios. Quisieran, incluso que desaparezca el estado para poder gobernar ellos directamente mediante sus monopólicas corporaciones multinacionales. Hasta allí sus deseos. Pero cuando sus grandes negocios salen mal parados, como es el derrumbe del sistema económico-financiero de Wall Street de setiembre del 2008, que compromete el sistema económico-financiero del mundo capitalista, entonces se olvidan del estado burocrático, inepto y acuden presurosos a él en busca de salvación. Y es ese estado incapaz, pero de ellos, que les sale al encuentro para ayudarlos y reflotarlos, pero a un precio muy alto: el endeudamiento de por vida del pueblo norteamericano, de manera particular, sin haberlo comido ni bebido los 700 mil millones de dólares y otras cantidades más otorgados posteriormente.

El estado humanista no es eso ni hará eso por respeto a la dignidad del pueblo. El pueblo humanizado puede perderlo todo, menos su dignidad. Esta vez, el pueblo estará en el gobierno del estado para gobernar en beneficio de todos, nunca más en beneficio de los promotores del "capitalismo salvaje".

Se complementará esta tarea de humanización del capitalismo estableciendo el sueldo igual para todos los trabajadores públicos y privados, incluido el presidente de la república; hecho que evitará la explotación de la fuerza laboral, que es una de las fuentes del enriquecimiento ilícito y de la desigualdad social.

La igualdad de sueldos que propone el Movimiento Nacional Humanista y el Movimiento Internacional Humanista, supera a la egoísta propuesta marxista: "De cada uno según su capacidad, a cada uno según su necesidad", que consagra la diferencia de los sueldos y salarios entre los trabajadores calificados y no calificados, justificando así el mejor sueldo de los trabajadores calificados como premio natural a su nivel de formación profesional, marginando, en consecuencia a los trabajadores no calificados pagándoles sueldos de hambre. Marx no tuvo en cuenta que, tanto los trabajadores calificados y no calificados trabajan igual cantidad de tiempo, ocho horas diarias; y sin embargo, y a pesar de esa igualdad de tiempo laboral, los trabajadores calificados reciben sueldos equivalentes a oro, y los trabajadores no calificados sueldos equivalentes a papel sin valor. Diferencia abismal que da lugar a que los trabajadores calificados vivan como reyes, y los trabajadores no calificados, como mendigos. Marx se olvidó que en una empresa, tanto los trabajadores calificados como los no calificados son indispensables. No habría producción agraria sin el trabajo de los campesinos y todos nos moriríamos de hambre; las ciudades estarían sumidas en la basura sin la participación laboral de los obreros de limpieza pública. Las oficinas estarían llenas de polvo y basura, sus servicios higiénicos llenos de excremento, imposibles de usar. Al revés, todos estaríamos enfermos y nos moriríamos enfermos si no hay médicos que nos atiendan. Todos viviríamos en chozas si no hay ingenieros que construyan casas. Las empresas no funcionarían si no existieran los profesionales y expertos en administración empresarial. Son algunos ejemplos para obligarnos a reflexionar sobre la división del trabajo y sobre la división de los sueldos, y concluir que es justo el sueldo igual para todos, en reconocimiento al principio humanista: de todos, según su capacidad, con honor. A todos, igual sueldo, con dignidad. Principio humanista difícil de entender y de digerir para algunos que se alimentan de prejuicios burgueses. Pero el proyecto humanista va más lejos, no se olvida de premiar a todos los que se esfuerzan en estudiar hasta llegar a ser excelentes profesionales. A ellos les está reservado el honor de dirigir las empresas públicas y privadas y los organismos de gobierno; con igual sueldo a todos los trabajadores, pero orgullosos de ser los responsables de la dirección del país. Difícil de entender y de digerir también para aquellos que se preparan solo para adorar el becerro de oro, principio y fin de sus aspiraciones humanas. Pero el hombre es un animal de costumbres, se acostumbra muy rápido a lo bueno, a lo malo, a lo fácil, a lo complicado. El humanismo es eso: difícil de digerir inicialmente, pero luego muy grato para el cuerpo y el alma en cuanto se acostumbra a "vivir sencillamente para que los demás puedan sencillamente vivir", como fue la vida del inmortal Gandhi.

No habrá privilegios tributarios ni de ninguna otra naturaleza para ningún tipo de empresas públicas ni privadas.

Las empresas privadas tendrán la vía libre para hacer todo tipo de empresas que no afecten la salud humana y del medio ambiente, con excepción de las que corresponde a las empresas del estado: atención de la salud y de la seguridad social, atención de la educación, vivienda de interés social para todas las familias que carezcan de ese derecho humano, servicio de agua, servicio eléctrico, servicio telefónico, señales de comunicación radial, televisiva, Internet y otras que se irán creando, Banco de la Nación, Banco Central de Reserva.

Quedan eliminados el sistema bancario y las entidades de crédito y seguro privados en consideración a que todas esas entidades tienen carácter especulativo, usurero y agiotista. No están al servicio del país sino de sus intereses particulares. Esas instituciones manipulan el verdadero valor del dinero, permiten la huída de capitales al extranjero, permiten el lavado del dinero sucio del narcotráfico, permiten a sus clientes tener cuentas secretas para que nadie conozca la procedencia de esos dineros. En suma, son entidades corruptoras del orden político, económico y social. Bertolt Brecht, famoso autor alemán de obras de teatro revolucionarios, decía: "¿Quien es más ladrón? ¿El que roba un banco, o el que establece un negocio bancario?" Lo que acaba de suceder con el derrumbe del sistema económico-financiero de USA, es la prueba contundente.

LA CREACIÓN DE LA
MONEDA UNIVERSAL

En cuanto se constituya la OMNHU, el Banco Central de Reserva, como parte de su política monetaria sustituirá la moneda nacional por la moneda universal, de igual valor en todos los países del mundo. Será parecido al EURO de la Unión Europea, "Un pequeño paso del hombre pero un gran paso de la humanidad" (Neil Armstrong, astronauta de USA). La moneda universal eliminará la especulación del valor cambiario de las monedas nacionales. Hará posible la estabilidad de su valor real, ajeno a la inflación y la devaluación. Será una moneda respaldada por la confianza de todos los pueblos humanizados.

El establecimiento de la moneda única y el sueldo igual para todos en todo el mundo, hará posible, entre otras cosas la eliminación de la emigración y de la inmigración de las personas de un país a otro en busca de mejores condiciones de vida; en consideración al siguiente simple razonamiento: "Si voy a ir a USA a ganar igual sueldo que gano en mi país, ¿que sentido tiene cambiar moco por baba"?

Hará posible también la eliminación de la fuerza de trabajo del cholo barato, del chino barato, del mexicano barato que producen como esclavos para beneficio económico de los de la cima.

Contribuirá también a la paz social en el sistema productivo. Ganando igual sueldo todos los trabajadores, incluido el presidente de la república, y siendo co-gobernantes de la nación, los trabajadores dejarán de hacer huelgas por mejoras salariales que afectan la producción y la productividad y la economía del país.

LA FINANCIACIÓN DE
LOS PROYECTOS

El Movimiento Nacional Humanista ofrece solucionar integralmente los problemas básicos de salud, educación y vivienda. Para ello se requiere ingentes cantidades de dinero que, aparentemente es imposible de obtenerlo. Pero querer es poder. El gobierno de USA acaba de demostrarlo al destinar cerca de un billón de dólares para superar la crisis económico-financiera que amenaza desembocar en el colapso de la economía norteamericana. ¿De donde salió ese dinero? Evidentemente, de fabricarlo con el respaldo del poder económico de la nación. El problema es que ese dinero no es para invertirlo en educación, en salud, en vivienda. Es para gastarlo en salvar a los fabricantes de deudas, a las instituciones financieras privadas quebradas. Es para salvar a los promotores del "capitalismo salvaje" (Papa Juan Pablo 23) Todas las naciones tienen poder económico, sustentado en sus riquezas naturales y en las riquezas económicas creadas por el pueblo con su trabajo (industrias, comercio, servicios y con el pago de sus tributos) De tal manera que, con todo ese respaldo, los gobiernos emiten dinero mediante el Banco Central de Reserva para solventar sus gastos y sus proyectos de inversión. El problema no es entonces la creación del dinero, sino el uso que se le da. Si sus gastos son simplemente burocráticos y sus proyectos de inversión no tienen ningún sustento técnico ni utilitario, ese dinero creado solo servirá para aumentar la pobreza y la corrupción.

El gobierno del Movimiento Nacional Humanista recurrirá a la emisión del dinero, igual que lo hace el gobierno de USA, pero será para invertirlo en la solución integral de los problemas de educación, salud y vivienda; con cargo a su devolución al Banco Central de Reserva en cuanto los usuarios del sistema educativo paguen las pensiones de enseñanza; los usuarios del sistema de salud y seguridad social paguen sus pensiones, y los usuarios de las viviendas de interés social paguen la renta por alquiler. Estos pagos de pensiones por educación y salud y el pago de renta por el alquiler de las viviendas estarán garantizados en su efectividad, pues todos los usuarios beneficiados con el sueldo igual para todos pagarán puntualmente sus obligaciones mediante el descuento de esos valores de sus respectivos cheques en sus centros de trabajo. "El sistema de financiación consiste entonces en pedir prestado a cuenta de futuras ganancias y utilizar esas ganancias eventuales en el momento presente" ("Fausto" de Goethe) Es lo que acaba de hacer el gobierno de USA y eso mismo lo haremos nosotros en cada nación liberada del yugo inhumano del Fondo Monetario Internacional, de las bolsas de valores, de los bancos privados.

REFORMA AGRARIA:

Al principio, cuando el hombre era nómade, la tierra y sus productos, el agua y el aire eran elementos naturales básicos para la subsistencia humana y de los demás animales. Los hombres y los animales se trasladaban libremente de un lugar a otro en busca de esos recursos. Hombres y animales compartían lo mucho o poco que encontraban para comer y para beber. Pero el hombre fue desarrollando más a prisa sus facultades, y vieron por conveniente pasar de la vida nómade a la vida sedentaria. Se instalaron en los mejores lugares donde abundaban los alimentos y el agua y luego decidieron explotar esos recursos naturales en común (comunismo primitivo.) Pasado algún tiempo, el sistema de propiedad común resultó ser ya inadecuado. La población fue creciendo en proyección geométrica y los alimentos cultivados en la propiedad común ya no alcanzaban para todos. Entonces se produjo las guerras de rapiña, y los más astutos, los que ejercían la dirección de las sociedades, decidieron convertir la propiedad común en propiedad privada de los grupos más fuertes, obligando a los más débiles a abandonar el lugar o quedarse como esclavos, sin derecho a la propiedad de la tierra. Se impuso así la ley de los más fuertes, la razón de la fuerza. Así nació la propiedad privada de la tierra y el agua.

Ahora, miles de años después, la humanidad se debate entre la vida y la muerte por la falta de alimentos y la escasez del agua. La propiedad privada de la tierra y el agua, en manos de muy pocos resulta ser inadecuado para abastecer de alimentos a toda la población. La explotación de la tierra por el sistema de minifundios y latifundios resulta ser primitivo, no garantiza una producción suficiente de alimentos de calidad, cantidad y precios razonables. Ante esa situación, algunos gobiernos han modernizado sus sistema de producción agraria explotándolo industrialmente (agro-industria). Pero esto tampoco soluciona el problema alimenticio de toda la humanidad. Soluciona solo el problema de sus dueños que se enriquecen en progresión geométrica explotando a sus trabajadores y explotando a sus consumidores. La inmensa mayoría (miles de millones de seres humanos) viven resignados a morir de hambre y de sed por carecer de dinero para adquirir alimentos y agua.

El Movimiento Nacional Humanista y el Movimiento Internacional Humanista nacen para transformar el sistema de explotación de la tierra, en beneficio de toda la humanidad.

Propone, para el efecto, la eliminación de la propiedad privada de los recursos naturales, entre ellos la tierra y el agua; revirtiendo a favor del Estado la propiedad para su posterior explotación por las empresas agro-industriales privadas, en su condición de arrendatarias de los lotes que se les asigne.

Es posible que esta alternativa choque con los intereses de los minifundistas, latifundistas y de las empresas agro-industriales. Rechazarán de plano la pérdida de la propiedad de la tierra a pesar de saber que esas propiedades no les fue otorgada por Dios ni por la naturaleza sino por la razón de la fuerza de nuestros antepasados, que decidieron eliminar la propiedad comunal (comunismo primitivo), cambiándola por la propiedad privada; sistema que subsiste hasta la fecha, perfeccionada como derecho de conquista, de herencia y de compra-venta.

Será una tarea difícil pero no imposible convencerlos de la necesidad del cambio de la propiedad de la tierra. Pero finalmente debe imponerse la fuerza de la razón.

Una de las razones que hace posible la pobreza campesina y su postración política, económica y social es el sistema de explotación de la tierra agrícola. Los campesinos viven aislados de la civilización. Sujetos a una economía de subsistencia en la pobreza absoluta. No tienen acceso a los servicios de la educación, de la salud, al agua potable, a la luz eléctrica, a los medios de transporte y viven en miserables chozas junto con sus animales domésticos, produciendo en sus minifundios de manera rudimentaria escasos alimentos que solo le permiten sobrevivir. Otros sobreviven en peores condiciones, pues no son propietarios ni siquiera de un minifundio. En los latifundios, el problema es el sistema de explotación de la tierra. El dueño de esas inmensas tierras es ajeno al uso de la tecnología moderna, y los explota usando el trabajo pobremente remunerado de los campesinos y escasa tecnología, que da como resultado una producción insuficiente en calidad, cantidad y precio. Esta situación tiene que cambiar. Proponemos entonces la reubicación de todos los campesinos en las ciudades, ofreciéndoles capacitación laboral, atención de su salud, educación integral para sus hijos en iguales condiciones a los demás educandos, vivienda digna de seres humanos en casas de interés social y trabajo permanente, ganando igual sueldo que el presidente de la república, en los modernos complejos agro-industriales privados a establecerse con el apoyo financiero del Estado.

De esta manera, la clase campesina, en algunos países despectivamente llamados "indios" y "ciudadanos de segunda clase" desaparecerán como tales para reaparecer como trabajadores dignos, iguales a los demás citadinos y como co-gobernantes del país por derecho propio.

A partir de su reivindicación política, económica y social, los "indios" y "ciudadanos de segunda clase" dejarán de ser objeto de uso de inescrupulosos políticos y de periodistas, escritores y poetas que jamás vivieron la vida miserable de esos ciudadanos desposeídos o, si vivieron pensaron como burgueses en soluciones que bajan la fiebre pero no curan la enfermedad. "Dadme un punto de apoyo, que yo transformaré el mundo" (Arquímedes) Los "indios" y "ciudadanos de segunda clase" contribuirán a transformar el mundo en beneficio de toda la humanidad.

En cuanto a la financiación de este proyecto tampoco es un problema insoluble. Se financiará emitiendo bonos de reforma agraria, cuya adquisición rendirá a sus poseedores mejores utilidades que los ahorros en el banco. En el camino, seguramente aparecerán alternativas mejores, si es así, esas se aplicarán.

REFORMA URBANA

En aplicación del principio humanista, que estable que la tierra, el agua y el aire son recursos de la naturaleza que hacen posible la existencia de la vida, y que es un derecho natural de todos disfrutar de sus beneficios, el Movimiento Nacional Humanista y el Movimiento Internacional Humanista desconocen su uso como propiedad privada de algunos, pues enerva el derecho de todos. En consecuencia, el Estado asume la propiedad de la tierra, el agua y el aire para explotarlos, en las ciudades con fines de viviendas de interés social; en el campo, con fines agrarios; y el espacio aéreo con fines de señales de comunicación satelital, Internet, televisión y radio.

El derecho a la vivienda es un derecho de todos los seres humanos. En consecuencia, es inaceptable que algunos vivan en viviendas dignas de los seres humanos y, la inmensa mayoría (miles de millones de personas) vivan como los animales, en la intemperie, en los cerros, al borde los ríos, debajo de los puentes, en las aceras de las calles. Ese derecho irrenunciable ha sido enervado, sojuzgado, ignorado por todos los gobiernos que representan los intereses de la clase burguesa.

El Movimiento Nacional Humanista y el Movimiento Internacional Humanista reivindican ese derecho de todos estableciendo el sistema de viviendas de interés social, para alojar en ellas a todas las familias que carezcan de vivienda. No será de manera gratuita, serán alquiladas a un precio justo, cuyo importe, sus habitantes estarán en condiciones de pagar gracias a los alcances del sueldo igual para todos.

En adelante, los propietarios de viviendas pagarán al Estado por el alquiler del terreno que ocupan sus viviendas.

Se eliminará el negocio de bienes raíces, pero subsistirá el negocio privado de la industria de la construcción, para alquilar o vender los inmuebles construidos, mas no de los terrenos que ocupan esas construcciones, por los que los usuarios pagarán al Estado el alquiler que establezca el gobierno.

Las viviendas de interés social no serán ratoneras, ni cajitas de fósforo, hechas solo con fines publicitarios. Serán viviendas iguales o mejores que las viviendas privadas. Todas serán de tres dormitorios y con todos los servicios básicos.

Debe quedar claro que este proyecto no afecta los intereses particulares de la industria privada de la construcción, pues estas solo construyen viviendas para aquellos que cuentan con recursos económicos suficientes.

La reforma urbana comprende también la remodelación y creación de nuevas ciudades con capacidad para albergar a doscientas cincuenta mil familias, constituidas por cuatro personas cada una (el padre, la madre, un hijo y una hija). Hecho que hará posible planificar y otorgar los servicios de educación, salud, transporte público, sistema bancario, mercados y otros a un nivel de eficiencia, propia de ciudades humanizadas.

La reforma urbana, que da lugar al nuevo sistema de vida en las ciudades humanizadas, conlleva la solución del problema del crecimiento de la población. En tal sentido, y a efecto de evitar el crecimiento caótico y en progresión geométrica de la población, que echaría al traste la planificación del desarrollo urbano, el Movimiento Nacional Humanista y el Movimiento Internacional Humanista proponen la planificación familiar de carácter científico.

LA PLANIFICACIÓN FAMILIAR

CREACIÓN DEL BANCO NACIONAL DEL SEMEN

Todas las personas de sexo masculino, en edad y capacidad de procrear, depositarán sus muestras de semen en el Banco de semen, que se implementará en todos los hospitales. Luego se le someterá a la operación de vasectomía, para anular su capacidad reproductora. Esta medida no afectará en nada su capacidad sexual. Luego, ya en estado de matrimonio, convendrá con su pareja la procreación artificial (fecundación in vitro, o la inseminación intrauterina) de dos hijos: una mujer y un varón, utilizando para el efecto la muestra de su semen depositado en el banco del semen. Este procedimiento de planificación familiar evitará la procreación de hijos no deseados y susceptibles de nacer con problemas de minusvalidez, incluso de orientación sexual equívoca.

Esta alternativa tiene la ventaja, además, de garantizar la presencia permanente de dos hijos en cada familia, una hija y un hijo, pues en caso de muerte de uno de ellos o de los dos hijos, sus padres podrán procrear otros para reemplazarlos. Este tipo de planificación familiar elimina el aborto, moralmente inaceptable. Finalmente, esta alternativa científica, soluciona también los casos de infertilidad, que se superan mediante tratamiento médico especializado o, cuando es irreversible, le permite a la pareja procrear sus hijos usando el esperma de otra persona, sin descubrir su nombre.

Por último, la planificación familiar científica humanista, asegura el desarrollo equilibrado de la especie humana y la satisfacción de sus necesidades; a diferencia del incremento poblacional en la sociedad burguesa que se da en progresión geométrica, en tanto que la atención de sus necesidades se da en progresión aritmética.

REFORMA EDUCATIVA

Para nadie es extraño que, en la sociedad burguesa, los hijos de los de arriba se educan en los centros educativos privados para ser gobernantes; y los hijos de los de abajo se educan en los centros educativos públicos sólo para ser gobernados. Pero en ambos casos, los estudiantes son preparados para defender el sistema político, económico y social de la clase burguesa. Esto explica el por qué a los estudiantes del sector de abajo no les interesa participar en la vida política, de tal manera que cuando llegan a la edad adulta y constituyen sus familias son ajenos a la vida cívica, al extremo de darle la razón a Bernard Shaw, famoso escritor británico, cuando dice: "La democracia es un ardid de la minoría corrupta avalada por los votos de la mayoría inepta". Aclaración necesaria: no son ineptos por nacimiento, sino por deformación de su naturaleza social, impuesta por los gobiernos de la clase burguesa. Es esta situación denigrante la que vamos a cambiar.

En primer lugar, la educación será igual para todos desde el punto de vista económico y curricular.

El servicio de educación tiene un costo, que será cubierto por los mismos beneficiarios a través del pago de las pensiones de enseñanza, igual para todos. Tomando en cuenta que todos gozarán del beneficio del sueldo igual, todos los usuarios estarán en capacidad de pagar las pensiones de enseñanza. El estado cubrirá las pensiones de las familias que carecen de ingresos económicos, en calidad de préstamo educativo, que el beneficiario reintegrará al estado en cuanto comience a trabajar.

Todo el sistema educativo estará a cargo del Estado, a efecto de eliminar la discriminación entre centros educativos privados para los hijos de los ricos y centros educativos del estado para los hijos de los pobres y ningún centro educativo para la clase marginada.

Será obligatoria para todos los discentes hasta el nivel técnico, y voluntaria a nivel universitario.

Todos los centros educativos, excepto las universidades, tendrán una capacidad máxima para quinientos alumnos en total y veinticinco alumnos por aula, a efecto de evitar una masificación innecesaria y garantizar una educación de calidad.

Todos los profesores, paralelo a su labor pedagógica, participarán obligatoriamente en los seminarios de actualización educativa, que programarán los respectivos directores de los centro educativos con el concurso de especialistas.

LA REFORMA CURRICULAR:

La reforma curricular en educación primaria tendrá por objetivos:

1.- Lograr que todos los estudiantes terminen su educación primaria sabiendo leer, escribir y hablar correctamente el idioma oficial de la nación.

2.- Lograr que todos los estudiantes terminen su educación primaria conociendo y practicando los principios morales, éticos y cívicos humanistas, de tal manera que sepan y practiquen sus deberes y derechos como alumnos, como hijos y como miembros de la sociedad.

3.- Lograr que todos los alumnos terminen su educación primaria sabiendo sumar, restar, multiplicar y dividir correctamente.

4.- Lograr que todos los estudiantes terminen su educación primaria conociendo la naturaleza de todas las actividades laborales que realiza el hombre para ganarse el derecho a la alimentación, a la educación, a la vivienda, a la salud y a la seguridad social, y, como consecuencia, terminen interesándose por alguna actividad en particular.

5.- Enseñarles a todos los estudiantes a participar en actividades deportivas o culturales, comenzando por organizar sus propias instituciones, unos como promotores, otros como dirigentes y los demás como miembros de la organización; a efecto de lograr futuros ciudadanos capacitados para participar en las actividades que desarrolla la comunidad.

Reforma curricular en educación secundaria:

1.- Profundizar el conocimiento y práctica de los seis puntos enseñados en primaria.

2.- Profundizar la enseñanza de la matemática, la física y la química.

3.- Enseñar la Constitución política del Estado Humanista, comparándolo con la anterior; y hacer conocer la estructura orgánica de la OMNHU, comparándola con la estructura de la ex- ONU.

4.- Organizar clubs deportivos o culturales y participar en sus actividades.

5.- Participar en las actividades de la Asociación Nacional de Estudiantes Secundarios, en su condición de co-gobernantes de la nación.

6.- Estudiar los fines y objetivos de todas las actividades laborales y, optar por una de ellas, y explicar, fundamentar el por qué de su elección y si el alumno tiene predisposición para realizarse en esa actividad.

7.- Desarrollar su tesis de graduación sobre el tema laboral de su elección.

Reforma curricular en educación técnica:

1.- Ampliar el conocimiento y práctica de los seis puntos enseñados en primaria y secundaria.

2.- Dominar todas las áreas de la matemática, física y química.

3.- Penetrar en el conocimiento de la actividad laboral elegida, y cambiarla por otra, si le parece conveniente al alumno. Luego, desarrollarla en teoría y práctica.

4.-Desarrollar actividades deportivas o culturales de su preferencia.

5.- Participar en las tareas de la Asociación Nacional de Estudiantes de nivel técnico, en su condición de co-gobernantes de la nación.

6.- Desarrollar su tesis de graduación sobre la importancia de la actividad laboral elegida en el desarrollo de la sociedad humanista.

Reforma Universitaria:

1.- La universidades ya no serán fábricas de formación de profesionales sin futuro laboral, sino de formación de profesionales para servir en las áreas que el Instituto Nacional de Planificación establezca en su plan quinquenal. De tal manera que, al término de su carrera universitaria el egresado tenga acceso inmediato a un centro laboral de su especialidad.

2.- La currícula de cada especialidad profesional la desarrolla la autoridad de cada facultad, tomando en cuenta las recomendaciones del centro de investigaciones del desarrollo laboral de la universidad.

3.- Participación de todos los estudiantes en las tareas de la Asociación Nacional de Estudiantes Universitarios, en su condición de co-gobernantes de la nación.

4.- Desarrollar actividades deportivas o culturales de su elección.

5.- Desarrollar su tesis de graduación profesional justificando su importancia para el desarrollo de la nueva sociedad humanista.

Nota: todas estas propuestas son ideas básicas, que los especialistas se encargarán de darle forma técnico-pedagógica.

MEDIDAS ADICIONALES PARA GARANTIZAR EL ÉXITO DE LA REFORMA DE LA EDUCACIÓN

El proceso educativo escolar se realiza en beneficio del objeto materia bruta humana a transformar (el educando) colocado imaginariamente en el tablero de una mesa circular sostenida por tres patas equidistantes, que permite la interacción perfecta.

1.- La pata que soporta la política educativa del Estado: la escuela.

2.- La pata que soporta la participación de los padres de familia.

3.- La pata que soporta la participación de los medios de comunicación social.

1.- La escuela:

La escuela, si cumple a plenitud sus objetivos educativos, los educandos tendrán una formación excelente.

2.- Los padres de familia, si cumplen a plenitud todo lo que han aprendido en los seminarios de educación familiar, estarán contribuyendo efectivamente a la excelencia de la educación de sus hijos.

3.- Los medios de comunicación social, si contribuyen, poniendo toda su producción al servicio del desarrollo cultural, estarán contribuyendo a la excelencia de la educación de los estudiantes. Pero si alguno de los tres factores cojea, entonces la mesa que sostiene al estudiante se tumba. Resuelto el problema del equilibrio de las tres patas de la mesa, conviene especificar la participación de cada uno de los tres sectores:

TAREA DE LOS PADRES DE FAMILIA

Todos los padres de familia, como cuestión previa a la matrícula de sus hijos en el primer año de estudios, estarán obligados a asistir a un seminario de capacitación en educación familiar. En el que se les preparará en el dominio de los principios morales, éticos y cívicos humanistas. Sus deberes y derechos como padres y los deberes y derechos de sus hijos. Así mismo, en sus deberes y derechos como miembros de la Asociación de padres de familia.

A partir de su capacitación en educación familiar todos los padres de familia estarán en condiciones de contribuir con pleno conocimiento de causa a la correcta educación de sus hijos en el hogar. Si hasta antes de su capacitación en educación familiar, algunos padres de familia creían que educar a sus hijos era solamente matricularlos en la escuela, dejando que los profesores se encargaran de todo lo demás, ahora cambiarán de actitud. Si no saben los temas, tendrán que aprender junto con sus hijos en los mismos libros, en la Internet, en las bibliotecas. Para ello, tendrán que dejar de lado sus programas favoritos de entretenimiento en los canales de televisión y radio, priorizando así el derecho de sus hijos al estudio. Tendrán que cambiar de hábitos, costumbres, de actitudes. Si tienen por costumbre tratar mal a sus hijos utilizando palabras vulgares, soeces, incluso la razón de la fuerza, tendrán que cambiar para dar un buen ejemplo. Si tienen el mal hábito de fumar y consumir drogas, tendrán que dejar esos malos y dañinos hábitos. En los hogares de la sociedad humanista nadie, ni los padres ni sus hijos, deben vivir en medio de la porquería. Los padres tendrán que cuidar el tipo de amistad que cultivan sus hijos, para evitar posibles desvíos hacia el infierno. Así evitarán que se junten con los pandilleros y otros elementos de mal vivir. Tendrán que darse tiempo para jugar con sus hijos en el campo, para asistir a los espectáculos artísticos. Tendrán que programar reuniones del conjunto de la familia para evaluar sus respectivas actividades realizadas durante la semana. Tendrán que conversar sobre temas de interés general de carácter político, económico y social que directa o indirectamente les está afectando también a ellos. En la medida que todos los padres de familia actúen así, estarán contribuyendo a que la pata de la mesa que sostienen no se rompa y la mesa se destroce. La tarea educativa de los padres de familia no solo abarca el ámbito del hogar. Deberán participar también en las tareas de la Asociación de Padres de Familia.

La Asociación de padres de familia, programará reuniones periódicas para evaluar la marcha del proceso educativo; luego, elevará sus acuerdos a la dirección del centro escolar, dando conformidad o sugiriendo cambios al desarrollo del proceso educativo.

La participación de los padres de familia en los seminarios de capacitación y en las asambleas de padres de familia no será objeto de descuento salarial en sus centros de trabajo.

LA PARTICIPACIÓN DE LOS MEDIOS DE COMUNICACIÓN SOCIAL EN EL PROCESO EDUCATIVO.

Los medios de comunicación social constituyen parte fundamental de la pata o soporte social de la mesa en la que el animal humano, mediante la educación va a ser transformado en animal hombre humanizado.

Al entrar en vigencia la nueva Constitución política del Estado Humanista, los medios de comunicación social dejarán de ser promotores y difusores de la corrupción y de la civilización del espectáculo, sus productos serán totalmente buenos y sanos para todos sus consumidores, para todas las familias, para todos los niños, jóvenes y adultos. Esto quiere decir que, todos los medios de comunicación social producirán periódicos, revistas, programas de televisión, cine, radio, Internet, libres de todo tipo de violencia, pornografía, frivolidad, sensacionalismo y apología al terrorismo y a la sociedad de consumo. Serán productos digeribles para niños, jóvenes y adultos porque no afectan sus derechos humanos ni sus principios morales, éticos y cívicos. En esa condición, ya no será necesario censurar esos productos como aptos, los unos solo para adultos; los otros, aptos solo para jóvenes; y algunos, aptos para niños, Pero, en este problema interviene también la publicidad, a cargo de los publicistas de los productos de consumo. Estos, ya no podrán publicitar avisos comerciales que inciten a la violencia, a la frivolidad, al consumo de drogas (alcohol, cerveza, cigarros y cualquier otro tipo de drogas).

Queda claro entonces que, el derecho a la libertad de prensa y expresión termina donde comienza el derecho de los usuarios a consumir productos saludables para el cuerpo y el alma. Será muy grato para todos escuchar en la televisión y radio voces cultas, que nos enseñen a hablar correctamente. Leer en los periódicos y revistas críticas políticas y otros artículos de interés literario, científico, artístico, tecnológico y al mismo tiempo las alternativas del crítico, escritas para ser entendidas por los niños, jóvenes y adultos. Ver imágenes que no afecten nuestra sensibilidad humana.

Difundir violencia, ¿para qué? Publicitar hechos criminales, ¿para qué? Hacer espectáculos frívolos, obscenos, ¿para qué?

Promover el sensacionalismo, ¿para qué? Difundir hechos pornográficos justificándolos como necesarios para alertar de ese peligro a los jóvenes, ¿para qué? Promover la drogadicción en todas sus formas justificándolo como necesarios para alertar de ese peligro a los jóvenes, ¿para qué? Difundir imágenes de guerra donde vemos horrorizados cómo un bando destruye pueblos con todos sus habitantes dentro, y luego las imágenes de las personas civiles, supuestamente terroristas, destrozadas, ¿para qué? Evidentemente, es para ganar la máxima audiencia, la máxima preferencia del público atraídos por el morbo, pero a costa de su alienación, de la pérdida de su sensibilidad humana, de la pérdida de su dignidad humana.

El hombre es un animal de costumbres. Se acostumbra muy rápido a lo bueno, a lo malo, a lo feo, a lo hermoso. Si todos los días y a toda hora, los medios de comunicación consagran el 100% de sus espacios a ese tipo negativo de información, investigación y entretenimiento, el resultado que obtienen es positivo para ellos como ganancia económica, pero negativo para los intereses del desarrollo cultural del pueblo. Pero si todos los días y a toda hora, los medios de comunicación social promueven y difunden publicidad sana, informaciones, investigaciones y entretenimiento que no ofenden la dignidad de las personas y que contribuyen al desarrollo cultural del pueblo, el resultado que obtendrían los medios de comunicación social sería positivo para ellos como negocio y positivo para el pueblo como cultura.

Haciendo todo esto, los medios de comunicación social humanizados estarán reivindicando al insigne escritor español Lope de Vega, que dijo: "Al pueblo hay que darle cultura"

El gobierno revolucionario de las FF.AA. del Perú, intentó enderezar ese entuerto programando la reforma de la prensa. Lo hizo afectando el negocio privado de los medios de comunicación social. Los nacionalizó. Desde el punto de vista de sus objetivos culturales y educativos, esa acción fue todo un éxito. Todos los medios de comunicación dejaron de promover y difundir programas violentos, sensacionalistas, hechos criminales, y se dedicaron a promover y difundir programas educativos que sirven hasta ahora a los niños y a los padres de familia como material didáctico. No solo eso, se dedicaron a promover y a difundir las actividades comerciales, industriales, agrarias y de pesca, a efecto de interesar a toda la población en las actividades que contribuyen al progreso de la nación. Lamentablemente, ese cambio no les gustó a los dueños de los medios de comunicación social. Éstos, acostumbrados a ganar dinero fácil promoviendo y difundiendo basura, no aceptaron el cambio. Apelaron a su derecho a la libertad de prensa y expresión absoluta e irrestricta hasta lograr sus objetivos regresivos.

El Movimiento humanista no pretende nacionalizar los medios de comunicación social. Pero sí apela a su cambio moral, ético y cívico por la vía de la autocensura, en primera instancia; y por la vía de la ley cuando insistan en el uso y abuso de la libertad anárquica, contraria a la libertad democrática.

REFORMA DEL SISTEMA DE ATENCIÓN DE LA SALUD

El derecho a la salud y a la seguridad social es un derecho natural de todos los seres humanos, y corresponde al estado otorgarlo en iguales condiciones. Es inmoral, es inhumano hacer negocio con la salud porque eso hace posible que solo los que tienen recursos económicos tengan asegurado su derecho a la atención de su salud, de tal manera que, la inmensa mayoría (miles de millones de seres humanos en todo el mundo), por carecer de recursos económicos están condenados a morir devorados por las enfermedades.

El objeto del estado humanista es la persona humana, libre de ignorancia, sana de salud, viviendo en una casa digna de seres humanos y alimentándose con el fruto de su trabajo revalorado.

En consecuencia, el Estado otorgará a todos el derecho a la atención de la salud y la seguridad social igual para todos a través del Seguro Social Obligatorio. Su costo será financiado por los mismos asegurados y la patronal. El estado cubrirá las pensiones de los asegurados que por alguna razón justificada no pueden pagar sus respectivas pensiones. Pero estos casos serán muy pocos. La inmensa mayoría estará en capacidad de pagar sus aportes gracias al sueldo igual para todos.

Eliminada la dispersión de la población agraria en el campo por efecto de su concentración en las ciudades, la atención de la salud y la educación estará asegurada para todos en iguales condiciones.

El seguro social cubrirá los siguientes servicios:

1.- Atención preventiva de la salud

2.- Atención hospitalaria.

3.- Medicina

4.- Atención de la seguridad social, que comprende:

4.1Atención médica

4.2Atención del pago de pensiones

4.3Atención del pago de sueldos temporales a los trabajadores desocupados por cierre de empresas

Se elimina la industria privada de la atención de la salud y de la seguridad social.

REFORMA DEL PODER JUDICIAL

El poder judicial, en todas las naciones del mundo no es justo ni eficiente. Dirigido por jueces de carrera comprometidos con los intereses de la clase burguesa, éstos se limitan a cumplir con su oficio burocrático recurriendo a textos de la época del medioevo, que nada tienen que ver con la realidad actual. El resultado salta a la vista: cárceles repletas de incriminados la mayoría, en las que todos viven peor que las ratas, sin ninguna posibilidad de ser juzgados y menos de lograr la libertad; sometidos a una vida de perros sin dueño, y a morir como tales dentro de las cárceles sin lograr su libertad.

Ante esta demostración de indolencia, de inhumanidad, el Movimiento Nacional Humanista y el Movimiento Internacional Humanista, proponen:

1.- Las autoridades del nuevo poder judicial ya no serán jueces de carrera. Serán elegidos por la Asamblea Nacional del Pueblo, de entre todos los candidatos que presenten los distintos sectores que constituyen la Asamblea; cuidando que la mayor parte de los candidatos sean profesionales en derecho. Los elegidos se harán cargo de la conducción del poder judicial durante el tiempo para el que fueron elegidos: el 50% por tres años y el otro 50% por seis años. Sin lugar a reelección, y ganando igual sueldo todos.

2.- Las nuevas autoridades del poder judicial, presentarán a la Asamblea Nacional un proyecto de reforma del poder judicial que, entre otras preocupaciones incluyan:

2.1-En lo penal: la inmediata libertad condicional a todos los presos incriminados por cualquier clase de delitos. Libertad condicional no sujeto a pago de fianza, solamente a una puntual asistencia a las audiencias que el juez establecerá. Precisando que su incumplimiento dará lugar a una sentencia en ausencia, para su cumplimiento en cuanto sea habido.

2.2-En lo civil: Eliminar el derecho al divorcio de las parejas que tengan hijos menores de edad. Sentenciándolos a un proceso de reeducación familiar. Si el problema subsiste, sentenciarlos a la pena de cárcel, dejando la custodia de sus hijos a cargo de los abuelos u otros parientes que voluntariamente se ofrezcan a realizar esa tarea humanitaria.

2.3-Priorizar la solución de los juicios por la vía de la conciliación. Estableciendo que la apelación del juicio a la instancia superior le costará a la parte apelante el pago al Estado del total del costo del juicio; además, el pago al Estado del 80% del importe ganado en el juicio por el litigante beneficiado con la sentencia a su favor. El objetivo es evitar la sobrecarga de litigios, y acostumbrar a la gente a las soluciones pragmáticas, de menor costo y más rápidos, sin que ello signifique perder, a pesar de tener la razón; sino más bien aceptar perder por reconocer conscientemente no tener la razón.

COSTUMBRES TRADICIONALES QUE HAY QUE CAMBIAR PARA QUE CAMBIE EL MUNDO.

Si las condiciones subjetivas y objetivas están dadas para el cambio político, económico y social, es posible lograr la transformación del mundo en beneficio de toda la humanidad y de la madre naturaleza. Sin embargo, en las acciones que se pongan en marcha en el proceso de implementación de las transformaciones, será inevitable lidiar con algunas costumbres tradicionales negativas que caracterizan al comportamiento de los pueblos en general, y de las personas en particular.

LA CARIDAD Y LA MENDICIDAD

La caridad, es el recurso más fácil para demostrar que somos muy humanos con los pobres. Por eso otorgamos a los mendigos algunos centavos que sacamos de nuestros bolsillos con mucha dificultad pero aparentando grandeza espiritual. Con esa acción humanitaria creemos haber cumplido con creces nuestro amor al prójimo. Pero la procesión va por dentro. El mendigo beneficiado no deja de ser mendigo porque con los centavos que recibe no puede alimentarse él y su familia todos los días, no puede pagar la renta de la casa, no puede comprarse ropa, no puede educar a sus hijos. En consecuencia, no le queda mejor alternativa que seguir mendigando y seguir recibiendo limosnas y terminar convertido en limosnero de profesión por costumbre.

Este tipo de caridad hacen también todos los gobiernos. Establecen en el presupuesto de la nación el rubro de Fondos para asistencia social, para otorgar a los pobres desayunos escolares y almuerzos en los comedores populares, entre otros beneficios. Pero esta política de caridad oficial, al final, no soluciona el problema de la pobreza. Al contrario, se incrementa y se corrompen los pobres beneficiados. Acostumbra al pueblo a la mendicidad, a esperar que el gobierno le solucione un poco de su hambre, por lo menos. Pierde así su dignidad.

La mendicidad, es propia de la clase social marginada, generada por los gobiernos de la clase burguesa, que les niegan a los pobres su derecho a la educación, a la salud, a la vivienda y al trabajo; al extremo de resignarlos a vivir en condiciones iguales a los demás animales. En esa condición, a esa clase social marginada lo mismo les da alimentarse con las sobras de comida que encuentra en los basureros, que estirar la mano para que algún fariseo caritativo le proporcione algunos centavos. Esta indigna situación no es de ahora, es de siempre, es desde que algunos hombres decidieron convertirse en amos de los más débiles. Esos amos, luego convertidos en reyes, emperadores, dictadores y ahora presidentes de las repúblicas democráticas burguesas, siguen la costumbre tradicional de tratar caritativamente a la clase social por ellos marginada.

El Movimiento Humanista se constituye para erradicar esta denigrante costumbre tradicional de la caridad y la mendicidad. En la nueva sociedad humanista nadie será caritativo ni nadie será mendigo. Al otorgárseles a todas las personas igual derecho a la educación, a la salud, a la vivienda, al trabajo con igual sueldo para todos, ya nadie estirará la mano para recibir limosnas, y nadie otorgará una moneda, ni un desayuno escolar, ni una comida en los comedores populares como un acto caritativo. La dignidad humana no se venderá ni se comprará por un plato de lentejas, ni por la promesa de una vida mejor en el reino de Dios.

EL COMERCIO INFORMAL

Los gobiernos de la clase burguesa han establecido modernos mercados y centro comerciales para beneficiar a los suyos. La clase pobre y la clase marginada no pueden acceder a esos lugares por carecer de recursos económicos. Solo pueden mirar todo lo que allí se vende. Ante esta situación, los pobres y la clase marginada viven resignados a comprar y vender sus pobrezas en los mercados informales, establecidos en las calles de las ciudades, en los barrios. En esos establecimientos informales, carentes de todo tipo de servicios higiénicos, de seguridad, los comerciantes venden de todo, mercaderías legales e ilegales, nuevas y usadas, muy baratas, sin ningún tipo de control de calidad, de peso, de medida, de sanidad. De tal manera que, tanto los vendedores como los compradores corren el riesgo de contraer enfermedades infecciosas y robos. Pero nada de eso les arredra porque esa es la única manera de solucionar sus problemas de subsistencia diarias.

Esta costumbre tradicional, a todas luces denigrante de la condición humana, será erradicada definitivamente. Si las empresas privadas no quieren construir grandes mercados y centros comerciales modernos al servicio de todos, lo hará el estado. Allí se establecerán todos los comerciantes informales. En esos establecimientos, los comerciantes no pagarán una renta fija por concepto de alquiler del lugar que ocupan. Pagarán solo un porcentaje del monto total de sus ventas diarias. De tal manera que, si venden, pagan, y si no venden, no pagan. De esta manera la nueva sociedad humanista erradicará la muy mala costumbre tradicional de comerciar caóticamente, sin orden, sin control, de manera antihigiénica; reemplazándolo por la nueva costumbre del respeto, el orden, la limpieza, el control de calidad, del peso, de la medida.

LAS COSTUMBRES TRADICIONALES RELIGIOSAS

El proyecto del Movimiento Humanista, no está basada en el movimiento humanista del medioevo ni del Renacimiento, que eran clasistas por excelencia. El primero, de carácter teocéntrico, en el que la vida de la sociedad humana giraba en torno a Dios. El segundo, una corriente filosófica, educativa, filológica, artística e intelectual que propugnaba el antropocentrismo. Francisco Petrarca, considerado el padre del humanismo (1304-1374) condicionó que, para ser culto y adquirir verdadera humanidad, era indispensable el estudio de las lenguas y letras de los clásicos greco-latinos. Esto quiere decir que, quien no era culto no era humanista, ergo, el pueblo, la inmensa mayoría, por no ser cultos, no eran humanos.

Para el proyecto del Movimiento Internacional Humanista, no es indispensable ser culto para ser humanista, sino ser practicante consecuente de los principios morales, éticos y cívicos y defensor de los derechos humanos. Reconocer el derecho de todos a la educación, a la salud, a la vivienda, a la alimentación Para eso basta que el animal hombre se sienta realmente superior a los demás animales, gracias a sus naturales cualidades que le permite distinguir qué es bueno y qué es malo para él y para los demás. Para eso no necesita ser culto, simplemente ser consciente de que sus actos son buenos para todos. Para el humanismo del siglo XX1 la libertad, la igualdad y la fraternidad no son simples enunciados demagógicos, son valores humanos que sustentan la naturaleza del hombre humanizado. En tal condición, el Movimiento Humanista respeta el derecho de las personas a creer o no creer en Dios; y lo único que exige de ambos es respetarse a si mismos y respetar a los demás obrando moral, ética y cívicamente en beneficio propio y de todos. En este sentido, la doble moral que usan algunos creyentes en Dios, que consiste en adorarlo en las iglesias, y adorar al diablo en sus actos dentro de la comunidad, es, para el Movimiento Humanista una conducta inmoral. Es la misma conducta que caracteriza a los no creyentes que, por el hecho de no creer en Dios les da derecho a vivir en libertinaje. Ambas actitudes son dañinas para la salud moral, ética y cívica de la sociedad humanista, y en consecuencia, el Movimiento los combatirá mediante la educación humanista.

RECHAZO A LAS COSTUMBRES TRADICIONALES SALVAJES

La inhumana costumbre tradicional de hacer espectáculos violentos, como las lidias de toros, las peleas de perros, las peleas de gallos y el box profesional entre hombres, son eventos que enervan la sensibilidad humana, su equilibrio emocional. Contribuyen a alimentar el morbo y a cimentar la cultura de la violencia en la conducta humana. Ver un espectáculo de lidia de toros para gozar con el maltrato a los indefensos animales rejoneándolos y clavándoles banderillas, para luego, después de burlarse del animal herido con el juego de la capa, matarlo lentamente con la espada que le atraviesa el corazón y los pulmones, no es nada edificante para el espíritu de quienes amamos la vida y respetamos el derecho a la vida de los hombres y de los animales.

Igual sucede con los espectáculos de peleas de perros, pelea de gallos y el box profesional entre hombres. Gozar sádicamente cómo los perros se destrozan entre ellos a dentelladas, hasta la muerte. Gozar sádicamente con los picotazos y navajazos que se dan los gallos durante la pelea hasta morir desangrado uno de ellos es muy grato para los aficionados abestializados, pero no es nada grato para quienes amamos la vida.

Finalmente, gozar cómo dos boxeadores se dan de feroces golpes a diestra y siniestra, hasta que uno de ellos pierde por KO o por puntos, tampoco tiene justificación moral alguna. Ganar dinero dando golpes o recibiéndolos a costa de su salud, no es nada digno. Sería mejor para ellos ganarse la vida limpiando calles o cuidando jardines, que son trabajos honrosos.

En consecuencia, el Movimiento Humanista prohibirá todo tipo de espectáculos violentos, incluso las películas de ese género, y los reemplazará por otros que contribuyan a la paz social y a la salud físico-mental; que contribuyan al culto a las bellas artes (música, teatro, ballet, espectáculos folklóricos, exposiciones pictóricas, escultóricas y deportes).

EPÍLOGO

El hombre es lo que quiere ser. Es la suma de su voluntad puesta al servicio de un objetivo. Si al hombre no le interesa el proyecto del Movimiento Humanista para transformar el mundo en beneficio de la humanidad y de la madre naturaleza, nada cambiará. Si le agrada seguir siendo protagonista de la corrupción política, económica y social y de la civilización del especta-culo, nada ni nadie le cambiará. Eso si, deja de tener autoridad moral para criticar la comida que está acostumbrado a comer.

Pero si decide participar en el proyecto del Movimiento Humanista, su vida cambiará radicalmente. Habrá dado "Un pequeño paso del hombre pero un gran salto de la humanidad" (Neil Armstrong. El astronauta humano que pisó la Luna por primera vez). Pero antes de dar ese pequeño pero decisivo paso, el futuro militante del Movimiento Humanista deberá pensarlo y repensarlo mil veces. Deberá analizar a consciencia todos los cambios propuestos. Deberá intercambiar ideas con otras personas de su entorno. Durante esa interacción, llegará a la conclusión que el proyecto es un hermoso sueño, difícil de materializarlo, más no imposible. Observará que el proyecto choca con los intereses de todos los sectores, pero que, al mismo tiempo equilibra los intereses de todos. Constatará que nadie gana y que todos pierden. Que todos ganan y que nadie pierde. Los ricos seguirán forjando riqueza, pero en adelante sin explotar a sus trabajadores, a sus usuarios, sin recurrir a las acciones ilícitas como el agio, la usura, la especulación en las bolsas de valores, en las entidades financieras, en los bancos privados.

Los trabajadores dejarán de ser objetos de explotación económica, política y social. Ya no ganarán sueldos de hambre sino un sueldo igual para todos, incluido el presidente de la república. Serán sueldos dignos de su condición humana. Ya no serán eternos reclamantes de mejores condiciones de vida, serán co-gobernantes del país, y como tales responsables directos de su destino y del destino del país y del destino del mundo.

Los propietarios de viviendas seguirán siendo propietarios de sus viviendas pero ya no del terreno que ocupan sus viviendas. La industria privada de construcción seguirá construyendo casas para los que deseen comprar, pero los compradores no serán dueños del terreno. Los que no tienen casas vivirán en las casas de interés social que construirá el Estado. No serán otorgadas como regalo. Los usuarios pagarán una renta justa, no usurera. Estarán en capacidad de pagar la renta porque gozarán como trabajadores de igual sueldo todos.

Todos tendrán derecho a la educación igual. Pagarán una pensión de enseñanza, y los que no pueden pagar, recibirán un préstamo escolar, para ser reembolsado al Estado en cuanto el beneficiario comience a trabajar.

Nadie se morirá por falta de atención médica. Todos estarán asegurados en el Seguro Social Obligatorio. La salud dejará de ser una industria privada.

La administración de los poderes del Estado ya no será de propiedad de los partidos políticos inescrupulosos, mafiosos, ineptos. Será administrado directamente por el pueblo organizado en sectores, constituyéndose en la Asamblea Nacional del Pueblo, como el 1er. Poder del Estado. Y en esa condición, por fin, el pueblo será dueño de su destino político, económico y social. Será responsable directo de sus éxitos y fracasos.

Los estudiantes aprenderán a gobernar el país subidos sobre el caballo. Ya no esperarán llegar a ser ciudadanos para recién aprender a gobernar.

Los militares aprenderán a co-gobernar el país junto a los demás sectores del pueblo organizado. Aprenderán a ser realmente democráticos. Ya no serán los que deciden cómo gobernar mejor en beneficio de los ricos.

La clase marginada aprenderá a ganarse el pan con el sudor de su frente, sin pedir limosnas que les deshonra.

Pero para todo eso, los militantes y el pueblo en su conjunto, tendrán que deshacerse de costumbres y tradiciones que los aferran a la oscuridad, a la hipocresía, al culto a la violencia, al ocio. Así, si tienen la voluntad y la decisión de renunciar a todo eso que los aplasta anímicamente, y se sienten seguros de emprender el cambio a partir de su propio cambio, el proyecto del Movimiento Humanista será, finalmente, una grata realidad, como el Sol que nos da vida. Querer cambiar es poder hacerlo.

Finalmente, como autor del presente proyecto, dejo constancia que no soy un profesional especialista en filosofía, derecho, educación, ciencias políticas y económicas forjado en las aulas universitarias. Soy un ciudadano común y corriente, formado en la universidad de la vida. En esta condición, presento al pueblo este proyecto. Espero que aquellos doctos que decidan considerarlo como proyecto de locos, como lo consideraron así a Copérnico, a "Santiago el pajarero" (personaje protagónico de la obra de teatro del mismo nombre, de Julio Ramón Ribeyro), que demostró que el hombre puede volar y que ahora, volando en cohetes ya llegó hasta la Luna, tengan la amabilidad de criticarme sana y sabiamente con fundamentos y presentando paralelamente alternativas mejores. Si no fuera así, mal que les pese a los sabios mi proyecto será la única alternativa que hará posible la transformación del mundo para beneficio de toda la humanidad y de la madre naturaleza.

Gabriel Figueroa
Los Angeles, Enero 20, 2010

GABRIEL FIGUEROA
BIOGRAFÍA

Ciudadano peruano-norteamericano. Ex-actor de teatro, cine, televisión y radio en el Perú. Secretario general del Sindicato de Actores del Perú y Presidente de la Asociación Nacional de Trabajadores del Arte. Vicepresidente de la Federación Nacional de Trabajadores de la Universidad Peruana. Fundador del Grupo "Histrión, Teatro de Arte", la más importante institución teatral del Perú. Actor protagónico de las más importantes obras de teatro peruano y universal. Director de teatro. Autor de importantes obras de teatro, tales como "La muerte de las palomas" (reconocida por la Dirección de políticas del Instituto de Seguridad Social del Perú y recomendada a la juventud para que miren la vejez como un futuro inevitable de todos y que quisiéramos sea feliz. Autor de la obra "El sendero del general Mamani" (Mención Honrosa concedida por el Centro Latinoamericano de Creación e Investigación Teatral. Escritor de la novela "Ocaso y Alba" (para editarse), y del ensayo político "¡Humanos del mundo, Uníos!", alternativa dialéctica para constituir la nueva Sociedad Humanista, publicado en este libro por Trafford Publishing.

BIBLIOGRAFÍA

1.- "Plan Inca", del gobierno revolucionario de las FF.AA. del Perú.

2.- "Informe General sobre la Reforma de la Educación Peruana" (Comisión dirigida por Augusto Salazar Bondy. Año 1970, durante el gobierno de las FF.AA. del Perú)

3.- "La otra mitad del mundo", de Francisco Miró Quesada.

4.- "El Diario del Che Guevara", en Bolivia.

5.- "Yahuar Fiesta", novela de José María Arguedas.

6.- "La chicha está fermentando", obra de teatro de Rafael del Carpio

7.- "Santiago el pajarero", obra de teatro de Julio Ramón Ribeyro.

8.- "Tupac Amaru", obra de teatro de Oswaldo Dragún

9.- El Marxismo. Wikipedia, la enciclopedia libre.

10.-"El Marxismo-Leninismo". Wikipedia, la enciclopedia libre

11.-Las Leyes de Newton del Equilibrio y Reposo

12.-Los ideales de la Revolución Francesa: libertad, igualdad, fraternidad. Wikipedia, la enciclopedia libre.

13.-"El gobierno de los ricos", artículo de Humberto Campodónico, publicado en el diario La República, de Lima, Perú, el día 8/9/08

14.-"La crisis de EE.UU. y los fanáticos del libre mercado". Artículo de Humberto Campodónico, publicado en el diario La República, de Lima, Perú, el día 10/09/08

15.-"Alertan sobre el incremento del precio de los alimentos en el mundo", noticias de Actualidad/ Economía de RPP Noticias del Perú, emitido el día 4/13/08

16.-Hambruna y medio ambiente, artículo de Francisco Gutiérrez, publicado en el diario La Opinión, de los Ángeles, USA, el día 6/6/08

17.-"Historia del Perú". 12 tomos. Editorial Juan Mejía Baca.

18.-Materialismo histórico. Wikipedia, la enciclopedia libre.

19.-Materialismo dialéctico. Wikipedia, la enciclopedia libre.

20.-El origen del hombre. Wikipedia, la enciclopedia libre.

21.-La historia del dinero", de Jack Weatherford.

22.-"La civilización del espectáculo", artículo de Mario Vargas Llosa, publicado en el diario La Opinión, de los Ángeles, USA., el día 3/6/07

23.-Lista de los más ricos del mundo. Publicado por la revista Forbes.

24.-"Detalles de la economía ficción", artículo de Rodolfo Casparius, publicado en Editorial/Comentarios del diario La Opinión, de los Ángeles, USA., el día 10/10/04

25.-Censo de la población mundial, año 2006, publicado por las Naciones Unidas.

26.-El humanismo. De Wikipedia, la enciclopedia libre.

27.-Lo que la crisis se llevó (artículo de la BBC Mundo, publicado por MSN Latino Noticia el 1/20/2010